一発逆転なんて、人生にはない。

いつからだろう。そんな風に確信するようになった。

人間は生まれた時から差があるのだ。

才能のある人間。美貌のある人間。それよりも何よりも育ちの良い人間や、絶大なコネクションのある人間。

そうでない自分は、「普通」に生きられればいい。

でも、「普通」って何?

東京都の最低賃金でフルタイム勤務しても(どころか、体が壊れるほど残業しても)都内で家やマンションを買うなんて不可能だ。

何が普通かなんて人それぞれだけど、でも、私が子供の頃に普通だった「結婚したら、子供が二人いて、その子たち二人を大学に行かせて」なんて生活は、最低賃金では夫婦共働きでも絶対に不可能。

それも、これも、全部、自己責任？　それって、お金持ちや縁故のある家に生まれなかった責任ですか？　って聞きたくなる。


でも、諦めたくない。

たった一度の人生なのに。納得いかないまま終わりたくない。

そう思う時、きっと、あなたの心の中では、言葉にはならない「叫び」のようなものが満ちているはず。


そして、思うの。それって「あの人」の声じゃないかって。

「あの人」＝渋沢栄一。

そう、新しい一万円札で話題になっている「あの人」。

「あの人」はただの一万円札のおじさんじゃない。

経済界の偉い人ではあるらしい（私より、皆さんの方が知っているかも）。

でもね、超恋愛体質で、授かった子供は１００人を超えるのではないか
と噂されるほど、煩悩に支配されている普通の人でもある。
生まれだって宮家とかじゃない。　埼玉の農家の倅《せがれ》。

少なくとも、私の人生は、彼に出会って変わった。
いや、正確にいうと「出会って」すらいないけど。　私、普通のアラサー派
遣ＯＬだし。　詳しくは、この後のお話を読んでもらう方が早そう。
私、埼玉在住の独身アラサー派遣ＯＬ・一栄華子《いちえいはなこ》が……とんでもない成
功？　にたどり着くまでに、何があったのか……。　そこに一万円札の渋
沢栄一がどう絡んでくるのか。

乞ご期待！

渋沢栄一が
転生したら
三浦《みうら》有為子《ういこ》
UIKO MIURA

アラサー
派遣OL
だった件
If Eiichi Shibusawa
were reincarnated,
he would be a temporary
office lady of 27.

渋沢栄一が転生したらアラサー派遣OLだった件

［相関図］

明治時代

渋沢栄一《しぶさわえいいち》

「近代日本経済の父」と呼ばれる。約500もの企業の設立に関わる。

〈師弟関係〉

尾高惇忠《おだかじゅんちゅう》

富岡製糸場の初代所長。私塾を開き、子どもたちに学問を教えていた。

〈対立〉

岩崎弥太郎《いわさきやたろう》

三菱財閥の創始者。専制主義を唱える。

株式会社フォーダイヤモンズ

弥田真凛《やたまりん》（43）

美容業界、人材派遣業界など、手広く事業を手掛けるカリスマ社長。

競合

株式会社ブリリアント

〈派遣仲間〉

戸山洋《とやまよう》
（14）

学校に馴染めず不登校。渋沢栄一好き。

協力

さとちゃん

洋を手伝うエリート大学生

親子

戸山民子《とやまたみこ》
（47）

シングルマザー。お弁当屋のバイトを掛け持ちしている。

室井優香《むろいゆうか》
（25）

仕事より恋愛。早く結婚したい。

転生

一栄華子《いちえいはなこ》
（27）

婚約破棄のショックでやけ酒をあおる。

〈役員〉

吉永《よしなが》

（株）ブリリアント取締役
元アイドル

津田沼《つだぬま》

（株）ブリリアント
代表取締役社長
プライドが高い

M社

小暮《こぐれ》

高級マンションの営業リーダー。

佐藤《さとう》

営業マン。かわいい女性に目がない。

人材派遣

競合

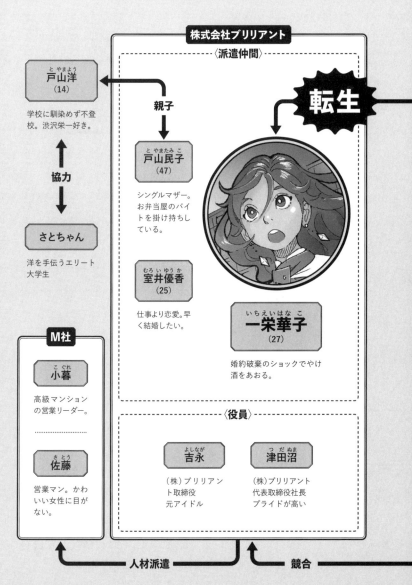

渋沢栄一が転生したらアラサー派遣ＯＬだった件　目次

Book Design
coji kanazawa

Illustration
pomodorosa

序章

向島の対決

隅田川。満月の浮かぶ水面の上、屋形船が1艘揺れている。座敷の中央では2人の男が対峙している。

男たちの周囲には十数人の美しい芸者たちが侍らされている。だが、先ほどまでの宴の熱気はどこへやら。2人の男の間の空気は緊迫していた。

「当然、合本法《がっぽんほう》でやるべきだ」

「いや、合本らあ成立せん。やはり、専制主義でやるべきながや」

上座の穏やかな顔立ちの男は渋沢栄一。まもなく38歳を迎える男盛り。明治政府の官僚として約束されていたキャリアをなげうち、民間人として活動する異端の男。その経営センスは政財界の注目を集めている。彼はより良い社会の実現のために、資本や人材を集めて事業を進める合本主義の重要性を常に説いていた。

下座の眼光鋭い男は岩崎弥太郎、43歳。三菱商会の初代総帥。三井と並んで、日本の経済を牛耳る大物。日本の海運王と呼ばれ、政府との関係も深い。この男が下座につくというのは、よっぽどの事である。

時は明治11年8月。西南戦争から1年が経ち、日本の近代化が一気に進んでいた時代である。

「では、もう一度、尋ねよう。これからの実業はどうしていくべきやろうか?」

岩崎はかっと目を見開く。派手に相手を圧倒し、懐柔するのが彼のやり方だった。

だが、渋沢は表情ひとつ変えずに答える。

「ですから、合本法でやるべきだと言っている。岩崎殿、専制主義では人はついてきませんよ。実際、海運を独占し、利益を私物化しているあなたには世論の批判も寄せられているのでは?」

岩崎の眉が歪む。「三菱の暴富は国賊なり」という世間の批判の声は当然、岩崎の耳にも届いている。「強欲弥太郎」「政商弥太郎」などと揶揄されている事も。

だが、岩崎弥太郎はそんな嫌味に心折れるような輩ではないのである。

岩崎は余裕の笑みを浮かべると、渋沢を見た。

「だが、渋沢さん、お主《おんし》とワシが手を組んだらどうなる? 渋沢と岩崎の専制主義や」

「……三菱に参加せよ、という事ですか?」

「共にやろう、と言いゆーがじゃ。渋沢栄一と岩崎弥太郎。この2人がやれば日本の実業の事はなんでもできる。違うか？」

押し黙る渋沢。刃のように鋭い沈黙。だが、岩崎は待つ。自信がある。この申し出を断る人間はいないだろう。岩崎は確信していた。

やがて、渋沢はゆっくりと口を開く。

「金儲けを品の悪い事のように考えるのは根本的に間違っている」

先ほどと変わらないゆっくりした口調。手ごたえを感じた岩崎は強く頷く。

「しかし、儲ける事に熱中しすぎると、品が悪くなるのも確かである」

「！」

「金儲けにも品位を忘れぬようにしたいものですな」

怒りと屈辱で顔を真っ赤にした岩崎を置いて、「そろそろ失礼しましょう」と渋沢は席を立った。美しい芸者たちの中でも、特に美しい数人がそれに続く。そのこともまた岩崎の怒りに油を注いだ。

＊　＊　＊

岩崎の狸オヤジめ！　この渋沢に三菱の番頭に成り下がれというのか！

帰宅した渋沢はひとり、酒を飲みなおす。だが、まったく酔えない。岩崎の余裕の笑みを思い返しては、やり場のない怒りがこみあげてくる。だから、また、飲む。その繰り返しである。

弥太郎から舟遊びに誘われた時、嫌な予感はしていた。あの男は、派手なやり口を好む。どうせ、大勢の芸者でも侍らせているのだろう。そう思って、こちらもなじみの芸者（贔屓の店で、最上級の美女をそろえた）を引き連れていった。挑戦を受けて立とうという訳だ。案内された上座にも堂々と座ってやった。「客」として招かれているのだから、当然である。

三菱の経営について、何かしらの助言を求められるだろうとは思っていた。だが、まさか……自分の下で働くように言われるとは。

わかっている。岩崎は「共にやろう」と言った。だが、あの男は誰かと「共に」

やるような男ではないのである。あれは、軍門に下れという事である。この渋沢を認めている。そう言う事もできるだろう。実際、三菱の強敵である三井には渋沢もたびたび尽力している。妻の千代と共に素晴らしい歓待も頂いた。だがそれも「三井のためには尽くしますが、番頭にはなりませんよ」という自分の気持ちを尊重してくれていたからだ。それなのに、岩崎弥太郎は……。

「札束で頬を叩くような真似をしおって！」

弥太郎に従えば、渋沢もまた巨万の富を得るであろう。だが、専制主義で集めた金になど意味はない。

「**1人だけ富んで、それで国は富まぬ！**」

思わず声に出してしまう。ふと見ると、酒が空になっている。

まだ飲み足りぬようだ。そうだ、確か、棚に日本酒がもうすこし……。

と、立ち上がった瞬間、酔いで足がよろけた。思い切り、棚に頭をぶつけ、渋沢は床に転がる。意識が遠のいていく……。

第一章

渋沢栄一、令和の埼玉に転生する

思考停止した暗闇の中に響いてきたのは、若い女の声だった。

「華子！　華子！　聴こえる？　起きてよ、起きてったら」

はなこ？　誰だそれ？　それにこの聞き覚えのない甲高い声はなんだ？　家人にはこのような話し方をする者はいないはずだが。

瞳をあけるや否や、栄一は「ぎゃっ」と声をあげる。目の前に見た事のない女の顔があったからだ。

それは異形であった。涙のせいか目の周りの化粧が落ち真っ黒になって流れている。それにこの唇はなんだ？　まるで油を塗ったかのようにぬらぬらと輝いている。髪の色が茶色いようだが異人の血が混じっているのだろうか？　そして、この服装。胸の形も露わなほどぴったりと張り付いた薄い布地。これは下着？　そっと下半身に目をやると、これでもかというほど太ももが露わな短いズボンをはいている。やはり下着か、水泳着か。だが、なぜこの見知らぬ女はこのような破廉恥な姿で栄一の顔を覗きこんでいるのか？

「失礼だが、どなた様だろうか？」

と話してみて驚いた。聞いたことのない声。かわいらしい声ではあるが、酒ヤケしているのか若干かれている。これが、本当にワシの声？

「やだー、華子！　あなた、頭打って混乱しちゃったのね。優香だよ、優香」

「ゆうか？」

「優しいに香で優香。室井優香。華子、私と一緒にヤケ酒してて、頭を打ったんだよ。覚えてないの？」

「ヤケ酒？」

そういえば、胸がむかむかする。だが、おかしい。自分が飲んでいたのはそんな安酒ではないはずなのだが……と胃のあたりに手をやろうとして、自分の身体の異変に気付いた。

指先にあたる女人の乳房のようなこの感触は、なんだ？

おそるおそる目をやると、実に見事な2つの肉の山が自分の胸に盛り上がっている。驚きのあまり立ち上がる。胸の塊のせいで自分のつま先が見えない。なんじゃ、これは！　何かをつけられているのかと体を揺さぶってみるが、胸の塊もいたずらに揺れるばかり。今度は両手でつかんでみる。何度経験しても心地良い柔らかな感触に沈む指、それを跳ね返す弾力。

「やはり、女人の乳房ではないか！」

「そうだよ！　華子は痩せてるのに胸だけは大きいんだから！　自信もって！」

優香という女が色々と話しているが何も頭に入ってこない。間違いない。自分の身体は女に代わっている。それも若い女に。10代？　あるいは20代？　そして、己の服装はなんだ。「ゆうか」という女どころではない。肩も露わなシャツ1枚に、今にも下着が見えそうなほど短いスカート。

スカート？　スカートの下はもしかして……。

おそるおそる手をやると、安っぽいレースの薄い布切れに手が触れる。その下にあるものは……。

「ぎゃっ」

思わず低い声が漏れた。間違いない。これは女だ。女体！

「優香殿、鏡をお借りできるかの？」

「鏡？　いいけど……」

優香が手渡した鏡を覗いて、栄一は息を飲み込んだ。

柔らかにウェーブした茶色い髪に囲まれた白い小さな顔。眉こそ消えてしまっているものの、長いまつ毛に包まれた大きな目、筋の通った鼻、バラ色の頬、そしてふっくらとした潤いのある唇。これは、いや、その、なんともあの……

「……美しいではないか！」

「それでこそ華子！　そうそう、華子は美人だって派遣仲間でも評判だよ」

「はけん？」

「だから、あんな男の事なんか忘れて……」

「あんな男？　岩崎弥太郎の事か？」

「弥太郎？　誰、それ？　ああ、頭を打って完全に混乱しているのね。分かった。私が一から説明する」

優香という女は恐ろしいほどの早口で一気に話し出す。混乱した頭でもなんとかついていけたのは、日ごろ、自分を訪ねてくる全ての人と面会し、話を聞いてきた成果かもしれぬ。習慣は思わぬところで自分を助けるものだ。

この艶めかしい女の名は一栄華子。

ハケンで受付嬢をしている。（ハケン？　は分かりかねるが後に調べよう）

何やら将来有望な男と婚約していたのだが、婚約破棄された。

なんでも男が別の女を妊娠させてしまったとの事。（ん？　どこかで聞いたような話だな？　耳が痛い……）

ショックを受けた華子は、優香（目の前の半裸の女だ）を自宅に呼び、酒盛りをし、泥酔。「死んでやる」と立ち上がったはずみに転倒。頭を強く打って意識を失ってしまった。

「頭を強く……」

なるほど、そういう事か。

明治11年のあの夏の夜、岩崎弥太郎との会合の後、自分もまた転倒し、自宅で強く頭を打った。おそらくはそのタイミングで……にわかには信じがたい事だが、渋沢栄一の魂はこの一栄華子という女の体に転生したのであろう。

今の自分は華子の体と渋沢栄一の魂を持つ生き物……。

と、冷静になった栄一は周囲を見回してみる。

優香の話によれば、ここが一栄華子の自宅という事になる。

なんと狭い部屋であろうか。食卓とベッドが同じ部屋にあり……おそらくは8畳くらいの広さか？　すぐ隣には台所。廊下の向こうにあるのが不浄と風呂場か。こんな狭い部屋でこの女は暮らしているのか？　一人暮らしであろうか？

まだちょっと痛む頭に気を付けながら、栄一こと華子はゆっくりと立ち上がる。

窓の外の景色を見るためだ。

「華子、気を付けてね。念のために病院にいった方がいいかも」

と、優香が隣に付き添った。

付き添ってくれて良かった。

「ぎゃぎゃっ」

腰を抜かす、というのはまさにこの事であろう。

なんだ、窓の外に広がるこの光景は！

今は夜なのか？　昼なのか？　窓の外は、目が痛くなるようなまぶしい光でいっぱいだ。あれは何かの広告か看板なのか？　そして向かいの建物……何階建てであろうか？　ざっと見ても20階は軽く超えるだろう。すべての窓から明かりが漏れ、まだ働いているのか、スーツ姿の男たちが行き交っている。

「ここは……どこだ？」

「え？　華子の家だけど？」

「じゃなくて、日本なのか？」

「そりゃ日本でしょ。埼玉だもの」

「埼玉！？」

　この華やかな未来都市が埼玉？　自分が生まれ育った桑畑に囲まれたのどかな田園風景とはまったく違う。これは、もしかして……。

「今って、いつ？」

「え？　……夏？」

「じゃなくて、えーと、年号は？」

「年号？　ああ、それって令和の事？」

「れいわ？　令和って明治のどれくらい後？」

「そんなの急に聞かれても分からないよ。明治って、だいぶ昔でしょ？」

　この優香という女は一般常識と教養に欠けているようだ。

「ああ、もういい。新聞をくれ、新聞を見れば今日の日付がわかるはずだ」

「新聞？　華子、本当に大丈夫？　今時、家で新聞とってる人なんかいないから」

「何！　新聞を見ずしてどのように時事情報を収集するのだ」

「とにかく今日の日付が知りたいんだよね。えーと」

と優香は薄い板のようなものを取り出し、自分に差し出した。そこには
「2023年　8月1日」と記されていた。

高速で計算する。明治11年は1878年だから……

「145年！」

渋沢栄一は145年後の埼玉に転生してしまったようだ。

それも艶めかしく美しい女体、一栄華子として。

＊　＊　＊

いつの時代も朝の清々しさは変わらない。この日もまたよく晴れた、爽やかな朝であった。だが、渋沢栄一こと一栄華子はタクシーの中でぐったりと窓にもた

れていた。傍らには例の半裸の女（今日はふわふわとして淡い色の半そでのブラウスにスカートといったまともな格好をしているが。それにしても栄一から見るとスカートは体にぴったりしすぎているし、丈も短すぎるような気がしてならない）室井優香が寄り添っている。

「華子、大丈夫？　やっぱり今日、仕事休んだ方がよかったんじゃ……」

「いや、大丈夫じゃ。ちょっと疲れただけ……」

華子の体調を心配した優香が自宅に泊まってくれた事は不幸中の幸いであった。そうでなければ、今日、自分は仕事場（ハケンについてはまだ全然理解できていないが）に行く事もままならなかったであろう。それは有難い。有難いのだが……。

令和の女性の朝というものが、これほどまでに慌ただしいとは！

仕事に行く前に朝風呂に入り髪を洗うのは、働く女、特に接客業の女にとっては常識らしい。洗うだけではない。シャンプーと呼ばれる液状の洗剤で髪を洗浄したのち、コンディショナーと呼ばれる油分をすりこみ、また流す。シャワーと呼ばれる強い水力で湯が噴き出す装置があるので短時間で済むが、一度の入浴でこんなにも湯を使うとは……。

入浴後もさらに作業は続く。今度はトリートメントと呼ばれる『洗い流さなくてよい油分』を念入りに刷り込み（椿油のようなものと考えればよいのだろうか？）、扇風機よりも更に強い風力で熱風が出るドライヤーという物で乾かす（これは非常に便利な道具である）。これで終わりではない。ヘアアイロンと呼ばれる焼きごてのようなもので髪を巻き、ヘアワックスで固めてセット……。

正直に言おう。面倒くさい。

髪だけでこれである。顔にはローションやらクリームやら刷り込み、下地やらファンデとやらを塗りたくり、目や唇には複雑に色を載せ（グラデーションと呼ぶらしい）細い線をひき……。

我が妻や恋人たち、明治の女たちも、このように身だしなみに時間を？　いや、時間はともかく、毎朝、これほどの湯や油を使っていたら大変な事になるだろう。今朝は優香が手伝ってくれたので何とかなったが、明日から自分ひとりでこれをこなせるだろうか。考えるだけでぐったりとしてしまう。

2人が働くハケンの職場はさいたま新都心駅からバスで数分との事だったが、バスに乗るために走る気力もなく、(それはこの踵が細くて高い靴のせいでもある。なぜ、このように歩きにくい靴を履かねばならぬのか?)車を手配するように優香に指示した。「本当にいいの? 私も乗せてくれるの?」と優香は大変に驚いていた。タクシーと呼ばれる運転手つきの車の窓から眺める外の景色。昨日自分の部屋の窓から眺めた景色にも驚いたが、この『さいたま新都心』はさらに背の高い高層ビルディングが並び、なぜかそれらビルディングの大部分はガラス張りでギラギラと輝いている。これが本当に埼玉なのか……。栄一が育った深谷はどこまでも畑の続くのどかな村であった。涼やかな風にのる土の香り、草の香り。養蚕のお世辞にもよい香りとはいえないあの独特の匂いや、桑の葉を咀嚼するやかましい音ですら、今は懐かしい。この「新都心」はどんな匂いがするのだろう? だが、「新都心」と名付けられているくらいなのだから、今の埼玉は首都・東京と並ぶ日本の中心なのかもしれぬ。そう思うと悪い気持ちはしなかった。

「お疲れ様でした。2700円になります」

2700円！！！　ほんの数分車に乗っただけで！？　東京横浜間の汽車の特等席だって1円12銭五厘ではないか！？　令和の物価はどうなっているのか？　おそるおそるピンク色の財布を開くと「1万円」と書かれたお札が入っていたのでこれまた驚愕する。庶民が平気で1万円を持ち歩く時代！　と同時に、お札に慶應義塾を創立された福沢諭吉翁の顔写真が印刷されていたのも、大きな驚きであった。論語嫌いで西洋かぶれの福沢翁が令和では持てはやされているのか！　では何事も『論語』を基本とする渋沢栄一はどのように評価されているのか、いささか気になるところである。

「華子ちゃん、頭、打ったんだって？　大丈夫？」

仕事場で更衣室と呼ばれる狭苦しい部屋に入ると、親切そうな中年女性に声をかけられた。

「な、なぜ、そなたは昨夜の出来事を知っているのか！」

「え、だって、優香ちゃんがＬＩＮＥしてくれたから……」

と、中年女性も薄い板のようなものを取り出す。

この板が「すまほ」と呼ばれるものである事は昨夜理解した。華子の鞄の中にも同じものがある。電話や暦《こよみ》、時計としても利用できる便利なものであるという認識であったが、LINEとは？　自分のスマホを取り出し、中年女性の「すまほ」と同じアイコンをクリック（これは優香が教えてくれた）してみると、戸山民子という女性から未読の文書が多く届いている。「頭、打ったんだって!?　大丈夫?」「飲みすぎ注意。変な男だって、結婚する前に気が付いてよかったんだから」「明日の勤務、誰か代わりの人、探そうか?」などなど。

「既読つかないから、心配していたんだよね」

なんと！　この薄い板を使って瞬時に文書のやり取りもできるとは!?

「という事は、そなたが戸山どの、いや、戸山さん……」

「戸山さん？　ねえ、華子ちゃん本当に大丈夫？　だって、いつも民子さんって」

「な、なに!?　自分は、いや、華子は目上の方にそのような無礼を働く女なのか!?」

「目上の方？　ああ、確かにそりゃ、年は私の方がずっと上だけど、派遣スタッフという立場は同じだし。っていうか、華子ちゃんの方が半年先輩じゃない！」

「え？　えええ？　え、そうなの？」

華子と優香は20代後半である。したがって「ハケンの仕事」は若い娘がやるものなのではないかと栄一は推測していたのだ。だが、自分の方が先輩とは！

……失礼ながら、この年齢になっても20代の小娘と同等の仕事しかできない、この戸山民子という女性は、あまり有能ではないのかもしれぬ。

「民子さん、なんか華子、頭打ってから少しおかしいのよ。もしかしたら……婚約破棄のショックのせいかもしれないけど」

優香が助け船を出す。彼女は知識面ではあまり頼りにならないが、このように勝手に妄想し暴走してくれるのは、こちらとしても有難い事だ。場違いな自分をうまくごまかすことができる。

「そ、そうなんです。あーあ、ハケンの仕事の内容もまったく思い出せないなぁ」

「えっ？？　そんな事ってある？　まあ、今日は来場予約も少ないし、少しずつ思い出すでしょ」

「来場予約?」

「華子ちゃん、ランチ、どうせコンビニでしょ? そうだと思って、華子ちゃんの分もおにぎり作ってきたから。あ、優香ちゃんの分もあるからね」

「わーい、ラッキー」

朝はコーヒーしか飲んでいない。令和の女は朝食をとらないものらしい。できれば、昼食(ランチとはLunchの事でよいのだろうか? 令和の会話にはカタカナ英語が多く使われるので混乱する)ではなく、今、そのおにぎりを頂きたいものだが……。2人に急かされるまま、女性用スーツのような制服に身を包み、華子は「ハケン」の仕事へと向かうのであった。


なかなかに興味深い体験であった。

仕事自体は拍子抜けするほど簡易なものであった。華子たちの仕事はマンションと呼ばれる住居の販売所の「受付」である。この住居販売所は「マンションギャラリー」(また英語!)と呼ばれている。

ギャラリーの来場者は事前に予約し、大抵はその時間帯にやってくる。（もちろん遅れて来る者も、早く来すぎる者もある）来場したお客にアンケート（また！）を書かせ、その間に客のための茶や飲み物を用意する。そして、営業と呼ばれる販売担当の者に引き継ぎ、その合間に雑務をこなす。これが受付の基本的な流れである。

興味深かったのは令和の住宅事情である。現在でも戸建ての住居は存在しているのだが、都心部に住む多くの者たちは華子同様「マンション」や「アパート」と呼ばれるビルディングの中の一室で暮らしているようだ。華子が住むようなワンルームタイプの物件だけではなく、家族向けの2LDK、3LDKの物件も多くあるらしい。（ちなみにLDKとは、リビング、ダイニング、キッチンの事である。もはやカタカナ英語につっこむ気にもなれない）マンションギャラリーにはモデルルームと呼ばれる豪奢な部屋が併設されているのだが、それは実際の物件と違わぬ寸法で制作された部屋であり、見事なシャンデリアや高級な調度品、素晴らしい家具で装飾されている。（実際、このギャラリーのモデルルームに置かれたソファは華子の部屋の物とは比較にならぬほど優れた品質であった。営業担

当の若い男に聞いたところ、百万円を超えるイタリア製のものだとのこと）

だが、何より華子が驚いたのは、販売されているマンションがまだ完成していない事である。数年後に完成されるマンションの部屋をモデルルームを元にイメージし、現物を見ずに購入するのが令和では一般的であるらしい。実際、この販売所で扱っているマンションも完成は1年後であるにもかかわらず、もう半数以上が売れてしまっていると聞く。「住居」という決して安くない買い物を現物を見ずに行うとは……。だが、ある意味これもまた合本主義とはいえないだろうか？　購入者たちで金を出し合い、現物であるマンションが完成した後で分け合う。マンションの価値をはかるためには品質はもちろん、立地や併設する施設の条件など詳しく検討する必要もあるだろう。個々人がそれを判断できるスキルを持っているという事は、令和の日本人は渋沢が理想としていた「合本主義」を当たり前のように行っているのかもしれない。そう考えると希望がわいてきた。

もうひとつ興味深かったのは、現代の住居は上へ上へと広がっていっている点である。これは、ある程度、栄一にも予想できる事であった。日本のように国土の狭い国で人口が増えれば、住居は上へと延びていくか、地下に潜るかしかない。

ただ栄一が意外だったのは、下の階よりも上の階の方が値段が高い場合が多いという事実であった。なんとなく地に足ついている下層階の方が落ち着けるように思うのだが、これは明治の人間の感覚なのであろうか？　ベルサイユ城の牢獄ではないが、建物の上の方にある部屋というのは、逃げられないように人を閉じ込めるのには向いていても、家族団らんには向いていないような気がする。だが、ここにもまた令和ならではの考え方があるのかもしれぬ。

「要するに事は平生《へいぜい》にある」

昼食休憩時。民子が握ってきてくれた大きな梅干しおにぎりをかじりながら（これは非常に美味であった。米がこんなに甘いとは！）華子は思わずつぶやく。民子と優香が心配そうにのぞく。

「何、それ？　どういう事？」

「あ、すまぬ、すまぬ。普通に暮らしている中で学ぶことが一番多いという事じゃ。今日1日、いや、まあ半日だが、己の業務を通して、現代社会を多く学び理解できたという事じゃ」

「ならいいけど……」

優香が言い辛そうに続ける。

「華子、その話し方、なんとかならないかな？　もっと普通な感じで」

「それを言っちゃだめよ！　優香ちゃん」

民子が慌てて遮った。

「これってあれよ。深層心理的にいろいろあるんだと思う。ほら、華子ちゃんは婚約破棄されたでしょう？　だから、その、男性に対する憎しみの気持ちを自分が男性になり切る事で解消しようとか……」

そんな事はまったくないのだが、民子という女の考察は面白い。接客の様子を見ていても、民子はお客様の要望を推測して先回りするのがうまい印象を受けた。観察眼が鋭く気の利く女なのかもしれない。そのような有能な中年女性がなぜ華子や優香のような20代の娘の後輩として働いているかは謎だが。

「や、やだぁ。気をつかわせちゃって、メンゴ、メンゴ。

そうなんだよね。婚約破棄、地味にショックでさ。でも、いつまでもダウンしてててもノーウェイ。エニシングコース、だよね」

優香のしゃべりを真似、適度にカタカナ英語をまぜたつもりである。だが2人はしばしの沈黙。え？　ダメ？　何かおかしかった？

「ま、まあ、すぐにはね」

「そうだよね。少しずつ華子ちゃんらしさ、取り戻していけたら、それでね」

やっぱり変だったようだ。だが、自分はかつて1か月でフランス語を覚えた人間である。明治時代とは多少語彙に違いがあるとはいえ（多少ではないか？・）同じ文法を持つ日本語なのだ。すぐにこの時代の20代女子の喋りをマスターすることはできるであろう。

「ところで、まだ1つどうしても思い出せない事があるんだけど」

「何？　華子ちゃん、なんでも聞いて」

「ハケンって何？」

優香と民子が呆れたように自分を見る。え？　そんなに変なクエスチョンだったかな？　民子はそっと華子の頭に手をやる。昨夜の事を心配してくれているようだ。

「えーと……何が言いたいのかな？　華子ちゃん」

「いやいや、だって我ら……じゃなかった、私たちのお仕事って受付と案内でしょう？　それをなんで『ハケン』って呼ぶのかなって」

「それはさ、私達が正社員じゃなくて、派遣社員だからでしょう？」

「派遣社員？」

「うん。私たちはブリリアントっていう派遣会社からS不動産が運営するこの埼玉の現場に派遣されているの」

優香も民子も当然だという顔をして、おにぎりを食べている。優香はおにぎりが食べきれないらしく、半分は銀紙に包んで持ち帰るようだ。え？　朝食も食べていないのに昼食もこれだけ!?　もしかして令和は食糧事情が悪いのだろうか……という疑問はさておき、『派遣社員』というのは初めて聞く言葉である。

が、これ以上、2人に尋ねるのも、野暮というものだ。昼食を終えそれぞれがスマホを取り出したこのタイミングで、華子自身の「スマホ」に尋ねてみることにしよう。このスマホには辞書のような機能がある事はすでに理解していた。

それから数分後、華子は「何――――っ！」と声をあげた。

「どうした、華子ちゃん、大丈夫？」

「やっぱり頭痛いの？　早退する？」

「いや、違う。派遣会社って日本にこんなに沢山あるのか？」

「そりゃ、あるんじゃない？　ブリリアントなんて弱小だよ」

「そして、派遣社員って『時給』で雇われておるのか!?」

「そうだね。たまに日給の物件もあるけど……。時給の事が多いかな」

「いやいや、それでは給与の保証がないではないか。例えば、ケガとか病気とか、親族に不幸があって休んだりした月の給与額はどうなるのじゃ!?」

「そりゃ減るよ。年末年始と8月のお盆休みは大変よ」

「そのかわり、働けば働くだけ、いっぱい稼げるし」

「いやいやいや、でも、正社員雇用の仕事もいっぱいあるではないか？　こちらだったら休日の保証も年俸の保証もある。それなのに、なぜ派遣を？」

と華子は「女性のためのお仕事募集サイト」の求職情報を開いて、2人に見せた。そこには好条件で正社員を求める求人が掲載されている。

優香はちらりと華子のスマホを見る。

「そんな好条件の仕事、私みたいなキャリアのない子が受けても受かんないよ」

キャリア……。

「私みたいに子供がいると、フルタイムで正社員は難しいんだよね。年齢的にも40代の採用は少ないし」

子供……。フルタイム……。40代の採用は厳しい？　なぜ！？

「でも、でも……」

だが、華子は目の前の現実が怖くなる。ここに出ている正社員の給与を時給で稼ぐとなると……。1日8時間労働としていくらになる？　2000円？　それとも3000円？　だが、時給2000円以上で検索してもヒットする仕事は……。

「ねえ、私達って時給いくら？」

「華子ちゃん、この前、50円上がったって喜んでたよ。だから1250円じゃない？」

「1250！！」

1日働いてもきっかり福沢諭吉翁1枚ではないか。それなのに、自分はタクシーにあれだけの金を使ってしまったのか！？　ほぼ午前中の労働分の賃金！

激しい後悔と、胸を殴られたような鈍い衝撃が心の中に広がっていく。

いや、だが、仕事は金が全てではない。そうだ。「お金は働いて溜まる滓《かす》である」。まだ華子には分からないやりがいや尊い志がこの派遣という働き方にはあるのかもしれぬ。

「そなたたちに問う。ハケンのやりがいとは？」

「やりがい？　そんなの考えた事もなかった」

優香は楽しそうにケタケタと笑う。

「だってさ、真面目にやろうが、さぼろうが、同じ時給なんだよ？　そりゃ、仲間に迷惑をかけたくはないから、ちゃんとやるけど、同じだったら楽をした方がよくない？」

「ほんとだよね。まさか、華子ちゃんから『やりがい』なんて言葉がでるとは」

と民子も笑う。

「な、何？　それはどういう意味じゃ！？」

「だって『同じ時給なのに余分に働くなんて損』っていっつも言ってたよ。定時に退社する事に命かけて、終業10秒前にはタイムカードの前で待っている。それが一栄華子じゃない」

「そうそう。17時終業なのに、17時3分のバスに必ず間に合うっていう。もう、これ華子ちゃんの伝説だよね」

顔から火が出るとはまさにこの事である。栄一の転生前の出来事とはいえ、華子がそのような志の低い働き方をしていたとは。

いや、派遣という働き方にもいろいろ問題はあるようだ。就業する女性たちのやる気をそぐような環境もあるだろう。それを改善する余地はある。だが……

「じゃあ、なんで民子さんと優香は、ここで働いてるの」

「え？　そうだなぁ。なんだかんだいって仕事、楽だし」

「そだね。慣れているし、責任ないし、楽っていうのは大きいよ」

楽。なるほど、そうか……。

「よし。この一栄華子、状況、おおよそ理解した」

状況を理解すれば、課題が生まれる。あとはその課題に取り組むだけだ。

「でしょでしょ、今まで通り、華子ちゃんも気軽に楽にやろうよ」

「いや、その『楽《らく》』、『楽しい』に変えてみせよう」

優香も民子も狐につままれたような顔をしている。

「え？　どういう意味？」

「『楽《らく》』も『楽しい』も同じ漢字。だったら、そなたたちの仕事を「楽」なものではなく「楽しい」ものに。この一栄華子が変えてみせる。必ず変える！」

力強く華子は立ち上がる。その瞬間にストッキングが椅子にひっかかり伝線した。本当に！　この令和の女の身だしなみというものは！

If Eiichi Shibusawa were reincarnated,
he would be a temporary office lady of 27.

第二章　渋沢栄一、丸の内に突撃する

東京駅の外には近代的な高層ビルが立ち並んでいた。それでいてさいたま新都心よりは、何か親しみを感じるのは、この土地が栄一にとって馴染み深い場所であるからだろうか？

「やっぱり、丸の内、いいねぇ」と民子がため息をもらせば、

「こんな所で働いていたら、毎日ランチ、楽しそう」と優香もうっとりと言う。

令和の時代にも丸の内・大手町はやはり東京の中心であった。丸の内で働くオフィスガールたちは、若い働く女性たちにとっても憧れであるらしい。

「元来、このあたりは大名屋敷が並ぶ、武家の街であるからの」

「だいみょうやしき？　何、それ、日光江戸村にあるやつ？」

「それは忍者屋敷だよ、優香ちゃん」

2人のノリツッコミは聞き流し、華子は明治時代に思いを馳せていた。

農民出身である栄一にとって、武家屋敷が並ぶ丸の内は、遥か遠い場所、足を踏み入れるのも恐れ多い憧れの場所であった。だが、明治になると、このあたりには大蔵省をはじめとする官庁が立ち並び、自らが働き活躍する場所へと変わっていった。あれほどまでに憧れた武家の街で、農民出身の自分が……あの時も、

街を歩くと不思議な気持ちがしたものだが、令和の丸の内を歩いていると、また別の感慨が浮かんでくる。

この国は守り抜くべきものをきちんと守ってきたのだ。

東京駅の駅舎の美しさ。総レンガ造りのあの駅舎は明治時代の後半に完成し、戦災で失われた後、2012年に現在の姿に復刻されたと聞く。2012年であるならば、赤レンガよりももっと現代的なデザインに変える事もできたであろう。だが、赤レンガの歴史を受け継ぐと決めた事に、この街の美しさ、日本の中枢である事の誇りを感じる。日本で一番プラットフォームが多いこの巨大ターミナル駅は全長335メートル、幅は約20メートル。駅舎としては世界最大級のものだそうだ。

「やはり、丸の内こそが日本の中心なのだ」

埼玉に「新都心」と呼ばれる場所がある事は、埼玉出身の人間として非常に嬉しく、誇らしい事である。と同時に、やはり日本の中心である丸の内で働いてみたいという気持ちが華子にはあった。令和にやってきた自分がどこで働くべきか。もう華子は決意している。

「ねえ、華子ちゃん、本当に私達ついてきて良かったの？　華子ちゃんが良い就職のあてがあるっていうから来ちゃったけど……」

重々しい伝統ある建物が立ち並ぶ、皇居周辺辺りまでやってくると民子が不安そうに尋ねた。

「割のいい新しい派遣会社か何かかなって思ってたけど、このあたりってちゃんとした会社ばっかりあるところだよね」

「私、介護と派遣の経験しかないけど、本当に面接してもらえる？」

優香も不安があるようだ。

「大丈夫、案ずるな。たしかこの辺りのはずなのだが……」

とスマホを取り出し、グーグルマップで自分と目的地の距離を確認する。（これは本当に便利な機能である。明治に持ち帰りたいくらいだ）

「ほら、やっぱり、すぐそこ。ほら、ここだよ」

まだ築年数が浅く、美しく輝いているタワービルを華子は示す。

「えっ」

「これって……」

優香と民子は凍り付く。だが、華子の足取りは軽い。

「旧知の銀行の本店がここにあるのだ。さあ、行こう」


転生して以降、華子はスマホで「渋沢栄一」について調べまくった。そして驚愕した。己が思っていた以上の成果を渋沢栄一はこの日本の経済界の歴史に残していたのである。

『近代日本経済の父』。渋沢につけられていた二つ名。これほどの名誉があろうか。生涯にわかって500もの企業の設立に関わり、600もの社会公共事業や福祉・学校などにも関わったという。そして！　なんと！　2021年にはその一生が大河ドラマになったのだという。大河ドラマというものは、歴史上の著名な人物を主人公に一年もの長尺で放送される大型ドラマであり、週末の庶民の楽しみとして、長年愛好されているものらしい。さっそくオンデマンドでドラマを見てみた。主演の青年は引き締まった口元と意志のある眼差しがどことなく若い頃の栄一に似ている気がした。良い人選である。調べてみると過去にも大河ドラマには『渋沢栄一』が何度も登場し、日本を代表する名優たちに演じられているそうだ。なんと晴れがましい事か。

そして、これが最大の驚きであったのだが、来年の夏には福沢諭吉翁にかわって、この渋沢が1万円札の『顔』になるのだという。これを知った時には眩暈《めまい》がした。西洋かぶれの福沢翁から、論語を重んじ、日本という国を愛したこの渋沢にお札が変わる。それも1万円札が！　感動のあまり頬を涙がつたう。

令和の日本、超イケてるじゃん！

と、いささか話が脱線したが、このような経緯から華子は本日、丸の内にあるA銀行の本店を訪れたという訳である。

なにせ自身が設立に関わった銀行である。有能な人材の登用には積極的なはずだ。そりゃ、見た目こそ若い女性ではあるが、中身は『近代日本経済の父』渋沢栄一である。一発採用間違いなし。袖触れ合うも多生の縁という事で、優香と民子にも一緒に来るよう声をかけたというわけである。

「さあ、いざ参ろう！」

振り返ると優香も民子も姿を消していた。「え？　どこ？」さては怖気づいたか？　まあ良い。自分が先陣を切り、その後、２人に声をかければ良かろう。さすがは本店。店内には引き締まった空気が流れている。受付に座る若い娘も容姿端麗。清楚にまとめられた黒髪も好感がもてる。

「いらっしゃいませ。ご用件を承ります」

「支店長か頭取にお会いしたいのだが」

娘は怪訝そうに眉間に皺をよせた。

「失礼ですが、お約束はございますでしょうか？」

「約束？　いや、特には……」

渋沢栄一は、自分を訪ねてきた者には、その者の身分や年齢など関係なく、誰であっても必ず面会した。面会して話すだけで終わってしまう事がほとんどではあったが、「会いに来た」という熱意を評価したのである。そういった多くの訪問客との話の中から学びも発見も多くあったし、出資や起業のきっかけとなる出会いもあった。人との出会いに勝る財産はない。この渋沢が起業し、百年もの時間をかけてここまで繁栄してきた銀行であるならば、当然、渋沢の魂は受け継がれている事だろう。

だが、「約束はない」という言葉を聞いた瞬間、受付の娘の表情は明らかに変わった。

「大変申し訳ございません。支店長はアポイントメントのない方とはお会いいたしません」

言葉遣いは相変わらず丁寧だが、まったく心がこもっていない。華子を見下している事がみえみえである。慇懃無礼とはまさにこの事であろう。

「今はお出かけ中という事か？　では、ここで待たせて頂こう」

「いえ、お待ち頂く場所はございません。それに、どれほどお待ちいただいてもアポイントメントのない方とはお会いになりません」

「では、そのappointmentとやらをしていただこうか」

受付の娘のようなカタカナ発音ではなく、あえて本場のイギリス英語のアクセントで『appointment』と言ってみる。だが、嫌味は通じなかったようだ。

「私共の方では、そのような事は承っておりませんので」

「では、私はどうすれば？　appointmentがなければ会わない。だが、appointmentはとらない。どうやって支店長にお会いしたらいいのかな？」

娘はいらだちを隠さず、大きく嘆息した。

「申し訳ございません。支店長からそのように指示されておりますので」

支店長が!? まさか!? 渋沢の魂はどうした? 人脈を重んじる心はないのか。新しい出会いに自ら門戸を閉ざすとは。怒りにも似た熱い思いがこみ上げてくる。

「この銀行の設立には渋沢栄一翁が関わられているはず。渋沢翁は身分の上下や年齢を問わず、訪ねて来た客とは必ず面会したはずだが? 建物ばかり立派になっても、その渋沢の精神は捨ててしまわれたのかな?」

「申し訳ございません。その方の事は存じ上げないので、なんとも言えませんが」

渋沢を知らぬ! 『近代日本経済の父』を! 大河ドラマは見なかったのか! この娘、かわいい顔をしてすましているが、常識のないうつけ者ではないか!? 受付は企業の顔である。なぜ、このようなうつけを「顔」にする。

「私がその渋沢だ! 渋沢栄一だ。そなたのような非常識な娘では話にならぬ。誰か話の分かる者を呼んできなさい!」

娘はふんと鼻をならすと（ここまでくると、もはや美貌すら腹立たしい）こちらの指示通りに話の分かる者を呼んだようだった。黒い警備服に身を包んだ、複数の男たちが現れ、「お出口はこちらです」「これ以上、食い下がるようなら警察を呼びますよ」などとかなり強引に、退去を迫ってきた。なんたる屈辱。

「渋沢だぞ！　私は渋沢栄一だ！　このような扱いを受けるいわれはない」

必死の抵抗もむなしい。

通りすがりの客たちが強引に退去させられる華子に向かって、スマホを向けている。

気が付けば華子はタワービルから退去させられ、外では先ほど姿を消したはずの優香と民子が待ち構えていた。

「申し訳ございませんでした！」

2人は、声を揃えて警備服の男たちにお詫びすると、華子を強引にタクシーの中に押し込むのであった。

え、ちょっと待てい！？　悪いのはこちらの方だというのか？

「とにかく飲もう」

「えっ！　昼から酒を！？　そんな、自堕落な！」

「いいから、飲もう。華子ちゃん」

民子に連れていかれたのは、新橋駅付近の小さな焼き鳥屋であった。タクシーの走行距離から考えて丸の内とさほど離れているわけではないだろうに、これまた先ほどのガラス張りのビルや、お洒落な喫茶室（カフェと呼ぶらしい）とは違って、なんとも庶民的な店構えである。

そしてまだ午後になったばかりだというのに、大の大人たちが酒を飲んでいるのだ。民子もぐいっと日本酒を飲む。どうやら、ここは民子の行きつけの店らしい。民子に進められるまま、華子も酒を口にした。優香は可愛らしくサワーなど傾けている。

うまい。

これで390円？　令和の日本ではかなり良心的な価格といえよう。冷たい酒が喉を通り、胃の中にふわっと暖かく広がる。すると、心がふっと軽くなる。なるほど、これが昼に酒を飲む効果か。だが、先ほどの事は忘れがたい。この渋沢があのような屈辱を……。

「ごめんね。華子ちゃんがあそこまで追い詰められてるって気付いてあげられなくて。まさかA銀行に突撃するなんて……」

「突撃？　そのような事はしておらぬ。自分はあそこで働こうと思っただけで……」

「働けるわけがないよね」

「なぜ、そのように思うのじゃ！」

討幕を志した青年時代の情熱が蘇ってくる。誰だって、世の中を変えられる。自分のやりたい事をできる。いや、そうでなくてはならぬ。だが、民子は冷静に言い放った。

「A銀行なんて新卒しかとらない。それも一流大学出身かコネでもなくちゃね」

「コネ？」

酒がまわったのか、民子は愚痴り始めた。それは華子にとって驚愕の現実であった。令和の一流企業の大部分（栄一が起業に関わったものも多くある）はエリート大学生の新卒採用に多くの人材を頼っており、新卒の時に理想的な就職ができなければ、その後、大きな企業に属する事が難しいのが現実であるらしい。

また、そこから脱落したらおしまい、であるとも。民子はそれなりの大学を卒業し、それなりの企業に就職したのだが、結婚を機に退職してしまった。

「不妊治療したかったから、仕方ないんだけど。結果、子供には恵まれたけど、旦那には逃げられちゃうんだから笑っちゃうけどさ。まあ、子供が一番の財産だから、やめた事は全然後悔してないんだけどさ」

だが、民子の表情は寂しげだ。一度やめてしまえば、復職の道も厳しく、中途採用の道も限りなく険しい。結果、派遣やバイトの道を選ぶ者も多いそうだ。

「だが、それはおかしいではないか。なんちゃら治療や出産のために休んだ時間があったからといって、雇用時に認められた民子さんの能力は変わってないはずだが？」

「でも、そういうものなのよ。特に女性は子供や結婚を諦めて、キャリアに邁進《まい》している人だっていっぱいいる。そういう人から見て、ちょっと休んで戻ってくる……なんて歓迎されてないってこと」

「ですよね。産休とかしっかりしている会社でも、実際にフルで産休とれる人ってどのくらいいるんでしょうね」

優香も同意した。

なんという事であろうか！　かつて渋沢栄一が大蔵省で働いた時は、自分から志願するまでもなく、自分の評判を聞いた大隈重信公の方から、大蔵省のために働くように誘われたという経緯があった。もちろん採用試験などはない。人を見る目のある人物がおり、人物の能力本位で採用を行っていたのだ。それに産休の何が悪いのだ。明治時代の大人物の中には投獄された事があるものだって多くいるのだ。（岩崎弥太郎翁とか）投獄期間はもちろん、キャリアは中断される。獄中なのだから。だからって、その人間の能力や評価がゼロになるわけではない。一度やめたら、もうおしまいなんて、そんなバカな話があるか！？

丸の内を歩きながら「この国は守り抜くべきものをきちんと守ってきたのだ」などと呑気に思っていた自分が許せない。安いがうまい酒をぐっと飲み干す。

「そんな事ではダメだ！　この国は間違っている。この国を変えなくては」

華子の声が大きかったのか、周囲から「いよっ」「姉ちゃん、威勢いいな」「がんばれよっ」などの声が飛ぶ。中には拍手している者もいた。うん、昼飲み、悪くないではないか。

「この国の事より、自分の事を心配した方がいいかも、華子ちゃん」

「え？　どういう事？　もしかして、また、ストッキング伝線してる？」

「いや、あれ、見て」

居酒屋の隅で放送されていたテレビ画面に華子が写っている。

「白昼の珍事件？　渋沢栄一を名乗る女性がA銀行に突撃」というテロップ。画面の中の華子は顔にこそモザイクがかかっているものの、明かに華子と分かる服装、体型で「自分は渋沢だ！　渋沢栄一だ！」と叫び続けている。

「あれ、姉ちゃんかい！　あんたすげーな」

酔っぱらった中年男性たちがテレビを見て拍手する。顔から火が出るとはこの事だ。これほどの恥ずかしい思いは転生して初めての事であった。

「ま、まあ、いいか。顔バレはしてないし」

「……それはテレビだからだよ」

民子が冷静に答えた。

「どういう事？」

すでにスマホを取り出し、検索していた優香が大きくため息をついた。

「炎上……してる」

「何？　すぐに消防を呼ばねば」

「違う。華子の突撃動画。再生回数もうすぐ1万突破」

優香が差し出したスマホの画面には、テレビと同じ映像が流れていた。こちらの方はモザイクなしで。

コメント欄には「DQN」「メンヘラ」「お薬、多くしておきますね」などの文字が躍っている。よく意味が分からぬ言葉ではあったが、誉め言葉ではない事だけは理解できた。

＊　＊　＊

怒涛の3日間が過ぎた。

人生初の、そしてできれば最後であってほしい「炎上」。まさかあの映像から自分が「特定」されるなどとは思いもよらぬ出来事であった。だって、一栄華子は政治家でも芸能人でもなんでもない。そのような自分の情報に一般市民が興味を持つとはまさか思うまい。

最初に特定されたのは職場、すなわちさいたま新都心のマンションギャラリーであった。「このおばさん、私の前の職場のお局」と書き込んだ輩がいたのだ。(優香いわく、素行不良で短期間でやめた学生スタッフではないかということ)

「婚約破棄されておかしくなったってウワサ」とも。

まず華子は「おばさん」ではないし「お局」でもない。「婚約破棄」はされたが、それでおかしくもなっていない。だが、その誤った情報はアッという間にネットの世界に広がっていく。「婚約破棄した男にも責任があるのでは?」「結婚適齢期の女性を弄んで、結婚しない男が悪い」など華子を擁護し、相手の男を批判する声も大きくなっていく。そして、捨てた男を「害悪」としてバッシングし、特定しようとするのであった。

なるほど、インターネット上における情報は「悪意」ではなく、このような「一方的な正義感」によって広がっていくのだ……と華子は理解する。男と女の事など第三者には分からない。華子と男が別れたのだって、双方に理由があるのであろう。(たぶん)だが、バッシングをする者は「華子を棄てた男」を「悪」と定義して、その悪を罰するための「正義の側」として情報の拡散と書き込みを続けるのだ。しかも匿名で。これはなかなかに恐ろしい情熱だ……と華子は思う。だが、その心持ちは分からなくもない。かつて栄一は尊王攘夷運動に力を注いでいた事がある。その時、大掛かりな焼き討ちを計画した事があった。横浜を焼き払い、そこにいる外国人たちを片っ端から切り殺そうと考えていたのである。

『幕府の腐敗を洗濯したうえでなければ、とうてい国力を挽回する事はできない』

その考え自体は間違いではない。実際に大政奉還は行われ、歴史は栄一たちの望むように進んでいく事となった。だが、どのような思想のためであっても、市井の無辜の人々を無差別に殺すなどという事があっていいはずがない。今では自分にもそう分かる。だが、その時は、自分たちの『正義』こそが全てで、それを全うするためなら致し方ないと考えていたのである。もしもあの時、あの作戦を実行していたならば、栄一もそこで犬死にしていたであろう。あの時、寝ずの説得を繰り返してくれた尾高長七郎、そして、最終的に焼き討ちの中止を決意した、わが恩師・尾高惇忠先生には生涯頭があがらぬ。

少し話がそれたが、この炎上により意外な展開もあった。婚約破棄した男から、再び華子の元に連絡が入ったのである。岩倉と名乗るその男は、近々ある女性との結婚を控えており、このような騒動に巻き込まれたくないとの事。だから、けして自分について話さないでほしい、もし自分が特定されても否定してほしい……と金一封を持参して、華子に頼んできたのである。この騒動が起きてから、華子は一週間ほどマンションギャラリーのお休みを頂いていた。時給で働く身にはそれなりのダメージである。岩倉の金一封はこの1週間のお休みの間の日給には十分に匹敵する金額であった。

だが、何かがひっかかった。

そもそも、この岩倉と華子はつい先日まで婚約していたはずである。それなのに、別の女と結婚とは、随分急な話ではないか？　たしかお相手が妊娠したとの事だったが……気になって調べてみるとお相手の女性は旧家の令嬢であり、岩倉とは小学校時代からの学友。大学時代から交際を始めていたとの事であった。妊娠もウソである。

つまり、岩倉は最初から華子と結婚する気などなかったのである。ただただ華子の美貌と(令嬢はお世辞にも美女とはいえぬ女であった)、若い肉体を弄ぶべく、虚偽の「婚約」を持ち出し、華子を騙していたのである。

なんという事か！　華子は……というより、栄一は激怒した。そりゃ、栄一とて男であるから、時には色々な事があった。華子のような魅力的な女性に対して欲望をそそられるのは健康な男ならば仕方のない事だと考える。だが、騙すとは何事か！　自分は妻・千代以外の妾に子供ができた時はきちんと責任もとったし、なんならその妾の生活の面倒も見た。これが、男の甲斐性というものであろう。岩倉とやら、男の風上にもおけぬ。そして、そんな男の本性を見抜けず結婚を考えていた一栄華子にもがっかりだ。

仕事が休みなのを幸いに婚約破棄の示談金の相場や、結婚詐欺の罪などについて調べ、岩倉に300万を要求した。すると岩倉は態度を豹変させて「だが、本当に愛しているのは君なのだ。別れたくなかった」「結婚してからも君と交際を続けたい」などと甘い言葉を囁き始めたが、華子はもう以前の華子ではない。近代日本経済の父・渋沢栄一なのである。華子は岩倉の言葉をすべて録音し、「相手のご令嬢にこの正直な気持ちをお伝えして、私と結婚いたしましょう」と伝えた。青ざめたのは岩倉の方である。すぐに「婚約破棄の慰謝料」として300万円を用意してくれた。「この婚約破棄については他言しないこと」と一筆書かされたが。

「そりゃそうだよ。そんな録音テープ流されたら、それこそ炎上しちゃう。せっかく一流企業に勤めて、いい家からお嫁さん貰うのに台無しじゃない」

お祝いのシャンパンを1人で飲む気にはなれず、自宅に誘った優香はそう言いながら手土産の洒落たマカロンをつまむ。どこぞの個人店のものらしい。優香はいつもセンスのよい菓子をどこからか調達してくる。

「でもさ、なんであんな男がいいと思ったんだろう?」

「それ、私に聞く？　付き合ってたのは華子でしょ？」

「いや、それはそうなんだけど……」

岩倉の婚約者は、岩倉本人よりもかなり『格上』の家の出身であった。そちらの親族から口添えがあったからこそ、岩倉は大企業への就職も決まったと聞く。

（これが、コネクションというやつかと納得した）岩倉本人に何も力がないとは思わない。そのような令嬢に取り入り、婚約まで持ち込む男なのだから、何かしら優れた能力や魅力はあるのであろう。だが、そんな大企業の安定した仕事を得た結果、彼がしている事は「若い娘に結婚詐欺し、性欲を満たす」ことだけである。何度もいうが、性欲は悪いものではない。英雄、色を好む。だが、岩倉は本当に報酬に見合うだけの仕事をその大企業の職場でできているのだろうか？　この華子の方がきっと……。だが、新卒ではなく、一流大卒でもなく、コネもない自分は例え能力があっても、それを生かす場所がない。華子は暗澹たる気持ちでシャンパンを煽った。

「華子は、結婚がしたかったんだと思うよ」

ふと真顔で優香が呟いた。

「だって、私達みたいな派遣が一発逆転する方法、結婚しかないもん。何か特別な才能があるわけじゃないし。岩倉さんみたいなエリートに迫られたら、誰だって心動くよ。本当の事言ったら、私だって、ちょっと羨ましかったもん」

結婚でしか人生が逆転できない。いつの時代の話か！　この令和の世に、このように考えるような若い娘がいるのは本当に憂うべき事だ。だが、それもまた現実である事を華子も理解し始めていた。

300万。この程度の金で自分は何ができるだろうか？　この令和の世で時給1250円の派遣で働きながら、『近代日本経済の父』は生涯を終えるのか……。

＊　＊　＊

翌朝。仕事にでかける優香を見送った後、二日酔いのガンガンする頭で、華子はゴミ出しに出かけた。思いがけない休暇もあと数日で終わり。来週からは新しいマンションギャラリーに勤務が決まっている。

だが？

ふと不穏な気配を感じて、周囲を見回し、華子はぞっとする。

カメラを自分に向けている男がいる。

もう炎上は収拾に向かっていると思っていた。それはそうだ。世界では毎日毎日、いろいろな事件が起きている。「話題」も「事件」もすべて消耗されるためのもの。渋沢栄一を名乗るおかしな女がいたところで、そこに続報がなければすぐに忘れ去られてしまう。燃え続けるのも簡単な事ではないのだ。

だが、油断していたのかもしれない。これで住居が特定されてしまったら、面倒な事になるかもしれない。華子はゴミ捨て場にあったホウキを構えると、男に向かって刀を構えるポーズをした。

「何奴！　無礼者め、そのカメラを降ろせ」

男は面白そうに笑いだすと、ゆったりとした口調で話し出した。

「何にも学習してないな。さすがに構えはうまいけど、こんな動画が世に出たら、焼け野原だぜ。『渋沢栄一を名乗る女、自分を幕末の武士だと勘違いしている模様』ってな」

「！」

カメラ、カメラ、カメラ。とにかく令和はありとあらゆる場所でカメラに狙われている。うかつであった。

「ならば、その動画を消去するまでだ。切り捨て御免！」

華子はホウキを片手に男に向かっていた。男はカメラについていた、長い棒を取り外した。いわゆる「自撮り棒」という奴だ。まずい。自撮り棒の方がホウキよりもはるかに硬質な素材でできている上に、長い。しかも、この男は剣術の心得があるようで、なかなかに強い。……もしこの戦いを誰かに録画されていたらどうしよう！　また、炎上？　いやーん。

と、何度かホウキと自撮り棒を交わすと、男が感心したように言う。

「腕はおちてないようだな、栄一」

「な、なんの事ですか？　私は、いちぇ……（しまった！　ここで本名など名乗ったら、相手の思うツボだ）私は、普通の女の子でーす。渋沢栄一？　それ、誰ですか？　有名な人？」

「**刀は固く握れば、敵に素早く応ずることができねぇ。柔らかく、持ち切る瞬間に握りこめ**」

そういうと、男はにやりと笑った。

この言葉……これは、自分が刀を習い始めた幼少期に、師匠から言われた言葉である。まさか……。

「ま、まさか、尾高惇忠先生！」

「やっぱり、本物か。きっとそうだと思ったぜ」

尾高惇忠は渋沢栄一のいとこであり、妻・千代の兄にあたる人物である。

それだけではない。幼少期から学問に秀で、私塾を開き、近隣の子供たちに学問を教えていた。その一人、おそらくはもっとも優秀な教え子がこの渋沢である。

学問も剣術も最初に教わったのは惇忠先生だ。そして横浜焼き討ち計画の中止を決意してくれた命の恩人でもある。あの時、焼き討ちを決行していたら、渋沢が1万円札になるような未来はけしてなかっただろうし、日本の経済もどうなっていたことか……。

そのような御恩ある尾高惇忠先生に令和で再会できるとは！　真実の自分を知る人物との再会に栄一は心底からの安堵を覚え、うれし涙を流すのであった。

さっそく惇忠を部屋に招き入れ、思い出話に花を咲かせる。惇忠は令和の世では「タカオ」と名乗っており、VTuberとして活動しているとの事であった。

「VTuber？　それってYouTuberとはまた違うものなんですか？」

転生して以降、華子はYouTubeを楽しんで見ている。特にメイク動画が好きだ。

男だった華子にとって、いかに自然に「女」であるかのように振る舞うかというのは永遠の研究テーマである。

「まあ、似たようなものだ。こんな感じ？」

と、タカオは自分の鞄からノートパソコンを取り出した。画面では派手な袴を着て、大きなリボンを頭につけた何とも魅力的なかわいらしい女の子のアニメ画像が動き、話しかけてくる。

「みなさま、ごきげんよう。タカオのハイカラ歴史探訪。今日は幕末の勇者・坂本龍馬のお話です」

「？？　この品のよい、お洒落な女の子がタカオ先生？」

「そう。あれ、栄一、お前、明治何年から令和に来たんだっけ？」

「えっと、……11年です」

「じゃあ、こういう女学生はまだ現れていないか……。これ、明治から大正にかけての女学生の服装。ハイカラさんって呼ばれてて、今の時代でも結構人気あるのよ。大正浪漫？」

「大正？　ああ、明治の次の時代でしたね。しかし、ハイカラとは、よく言ったものですな。非常にセンスがいい。最先端の西洋のファッションをうまく和風に落とし込んでいる。うん、非常にかわいらしい」

「俺、歴史系VTuberやってんの」

「歴史系？」

「歴女っていってね、歴史上の人物に興味がある女の子（まあ、男もだけど）って一定数いるのよ。そういう人に向けて、いろんな歴史のネタ話をするっていうチャンネル。ほら、現代の事はまだまだ勉強しなくちゃ分からないけどさ、幕末から明治にかけての歴史上の人物って、俺たち、普通に知り合いだったりするじゃない？　そういう人の小話するだけで喜んでもらえたりするし」

「それで、幕末……」

「幕末の志士は人気あるのよ。坂本、土方、近藤勇……。そうそう、沖田って若い男の子覚えてる？　新選組の沖田総司。あの子もすごく人気あって、あの子の役を演じるのが若手俳優の登竜門だったりするんだぜ？　薄幸の美男子だと思われていてさ。実際は普通の兄ちゃんだったけどな」

茶をすすりながら、タカオは話し続ける。

「でも、それだったら別に惇忠先生が普通にお話されたらいいじゃないですか？　なんだって、こんなアニメの女の子に？」

「そりゃ、おっさんが話すより、かわいい若い女の子の方が商品価値高いもん。現代人のルッキズムって異常よ、あ、これ知ってる？」

とタカオはスマホ画面を見せる。すらりとした色白の異常に目の大きい、リアルな人間の姿でありながら、ある意味先ほどのアニメの女の子以上に非現実的な人の顔がそこに映っていた。

「これ、俺の顔。加工したの」

「ええっ！　先生とまったく似ても似つかぬではないか！」

「こんなの皆、普通にやってるから」

タカオは華子にスマホのカメラを向ける。不意を突かれ、間抜けな表情を撮られた。

「アプリ加工なんて、簡単簡単。小顔にして、目頭切開して、涙袋……鼻筋も通しておく？」

タカオが素早く画面を操作すると、今度は加工された華子の顔が画面上に映し出される。もはや華子の面影はどこにもない。

「おおーっ」

「リアルな肉体を整形で変えるのは限界あるけど、アバターなら最初から自分の理想通りに声も顔も体もカスタマイズできる。そういう魅力もあるよね。俺、現代人は最終的には肉体を離脱して、こっちの「理想の自分」で人と関わるようになってくんじゃないかって思ってるくらい。その方が無駄なコンプレックスとか感じなくてすむじゃない？　ジェンダーだって好きにできるわけだし。仮想現実の中で理想の自分で、肉体を伴わない関係性で仕事やコミュニケーションをとっていく……」

興味深い話である。だが、加工された写真の華子は確かに美しいが、血が通ってない人形か何かのように見える。こういう物が現代における美の基準なのだろうか？　妻・千代の左右不対象ではあるが、愛くるしい顔を思い出して華子の中の栄一は胸が苦しくなる。笑った時に目尻に寄る皺が、彼女の表情をより豊かに見せていた。あの笑顔をまた、すぐ側で見られる日はくるのだろうか……。そんな感傷に気付いてか、気付かずか、タカオは話をどんどん進めていく。

「それにリアルの顔出しはリスクが大きい。顔は最大の個人情報だからな。ほら、お前も動画炎上したんだから、分かるだろう？　今は職場とか自宅とかすぐに特定できちゃうし。お前の自宅の特定だってお茶の子さいさいだったぜ」

「なるほど……。だけど、個人情報を平気で出している一般人も多くいますよ」

と、華子は自分のスマホを取り出す。YouTubeはもちろん、X、インスタグラム、TikTok……著名人や芸能人でもないのに、自らの顔を出してアピールしている人々のいかに多いことか。中には幼い子供までいる。

「個人情報の特定がそんなに簡単なら、このような子供達がどこに住み、どこの学校に通っているかなど、すぐに分かってしまうだろう。それが何か危険な事件に繋がることは？」

「もちろんある」

タカオは断言した。

「SNSを使う事はいつも、そういう危険と隣り合わせだ。万全の注意がいる。……そういう面で、栄一、お前はまだまだ甘い」

「この前の動画の事ですよね。あれは、反省しております。確かに転生なんてにわかに信じられる事ではない。見た目も若くてかわいい女の自分が、あんな事を言ったらおかしいと思われるのは必至……」

「それだけじゃない。若くてかわいいって気が付いているなら、もっと注意が必要だ」

「？」

「刀は固く握れば、敵に素早く応ずることができねぇ。柔らかく、持ち切る瞬間に握りこめ」

タカオは先ほどの言葉を繰り返した。

「はい、よく覚えています。先生が私に剣術を教えてくださった時に……」

「この言葉、ネットで検索してみろ」

「？」

華子は言われるままに調べてみた。すると「渋沢栄一の師匠・尾高惇忠の名言」として、この言葉がいくつものホームページに乗っていた。

「どういう事ですか？」

「つまり、この時代の人間はその気になれば、誰でも尾高惇忠になりすませるという事だ」

「！　じゃあ」

「そして、俺は見ての通りのしょぼくれた中年男。そして、お前は若くてかわいい女」

「！」

「隙あり！」

タカオは華子を押し倒した。声がでない。女の体がここまでか弱く、儚いものだとは。タカオの目的は一体なんだ？　この体？　それとも変質者か何かで殺されたりしたらどうしよう……。

「という事も十分に有り得るという事だ。簡単に人を信じて家に上げるな」

と、タカオは華子から体を離した。華子はほっと息をつく。

「いいか？　リアルの人間ですら、そいつが善人か悪人かの判断は難しい。表向き親切な奴がSNSでは、自分の悪口を撒き散らかしていたなんて事もいくらでもある。お前の動画がバズった時、悪口を書き込んでいた人間の中には、お前に親切に接している職場の仲間や、かつての学友なんかもいたかもしれない」

「まさか、そんな……」

だが、思い当たることはあった。あの動画のコメント欄に高校時代の華子の噂を書き込んでいた者がいたのだ。「美人気取りでいるけど、あんなの都会に出たらただの雑魚」と。その人間はリアルでは華子とどういう関係だったのだろう。転生前の華子の事は分からないが、もしかしたら華子本人は親しい友人だと思っていた人間かもしれない。背筋が寒くなる。

「リアルですらそうだ。SNSの中には、嘘も悪意も騙し合いも、なんでもある」

「なるほど……」

「だが、今の時代、SNSを避けて通ることはできない。今後は仮想現実世界がそうなってくると俺は睨んでいる。人脈もチャンスも、この中から掴むことができるからだ。A銀行に入らなくてもA銀行に入るくらい、いや、それ以上に大きな人脈を作ることができる。だから、危険があっても、このツールを使いこなそうと皆、必死なんだ。……学んでみる気はあるか、栄一？」

タカオの目がきらりと輝いた。それは完全に尾高惇忠の目であった。

インターネットは情報の海である。その海はどこまでも広く、そして、どこまでも深い。華子はたちまちに夢中になった。

明治11年の日本にはまだ電話も普及していなかった。だが、このネットの世界はどうだろう。わずか数秒で世界中どこにでも、なんだったら動画で繋がる事もできる。打ち合わせも意見交換もできる。語学の達者な自分なら、すぐに海外をマーケットにしたビジネスも始められそうだ。このスピード感、世界が狭く感じるほどだ。

だが、同時に、その海の深さも知った。この海の中には目をそむけたくなるようなものもフェイクもたくさんある。何が真実なのか？　そして、その中で自分に必要な情報は？　令和の時代を生きる人々は、渋沢の時代とは比べ物にならないくらいの膨大な情報にさらされ、自分にとって有意義なものだけを選別するという事を、24時間常に要求されている。これは大変な精神的疲労を伴う作業である。

同時に、パソコンと呼ばれる機器のおかげで、事務作業が恐ろしいほど短時間でこなせることにも驚いた。

明治時代の栄一は、仕事の資料を作る際、円グラフなどを用いて、視覚的に分かりやすくまとめる事を心掛けていた。（そして、実際、それはとても評判が良かった）だが、それらの資料を美しく書くためには注意が必要だったし、美術的なセンスも必要だったのである。だが、パソコンはそれらのデザインをすべて自動でやってくれる。センスもへったくれもない。そういえば、派遣受付スタッフの現場では日々の勤務報告などはいまだに手書きで、しかもＦＡＸでブリリアント本社に送っている。それでも月末の給与支払いの際に残業や早出が漏れることもしょっちゅうだと優香が愚痴っていた。「ブリリアントの経理、超いい加減だ」と。ブリリアントの経理はこういった楽で便利なものが身近にあるのになぜ利用しないのであろう？　もしも自分が派遣スタッフを雇用する側であれば、各スタッフの勤務記録と評価を入力して、各自の能力をはかる資料を作ると思う。そうすれば有能な人材は高い時給で評価する事ができるし、能力の低い者は能力をあげるべく指導する事ができるのではないだろうか？　またお得意様クライアントの物件に優秀な人材を派遣する事も可能であろう。現在もそういう事は行われているのだろうが、ほぼ現場にはいない雇用者が派遣スタッフの適性を判断しているのだから、こんな適当な話はない。

「いやいや、そう言えるのは栄一、お前が非常に優秀だからだ。

この短期間でお前が覚えた事は、普通の会社員が誰でも持っているスキルではない」

「えっ！」

華子は驚愕する。こんなに簡単で便利なのに？　皆なんでしないの？

タカオは華子の気持ちを見抜いたかのように、ふうっと息をついた。

「栄一、これから、令和の時代を生きていけば、身に染みて実感することになるが、これほど物質的に豊かな時代であるのに、この国の文化的貧困はひどいものだ。義務教育のおかげで中学までは誰でも行けるってのに、論語を一度も読んだことがない、いや、その存在すら知らない人間が一体どれくらいいる事か」

「な、何！　論語を知らぬと」

軽く眩暈がした。栄一は事業においても、それ以外においても「論語」こそ人が生きる上での基盤だと考えている。その「論語」を知らないとは！　今、この国には基盤がないという事にはならないだろうか？　そこに何を作ってもそれは砂上の楼閣。ちょっとしたことで簡単に壊れてしまうものではないのか……。

「漢文、古文は実務で役に立たないから、国語の授業から外そう……なんてことが大真面目に論議されている国だからな。

パソコンだってそうだ。大抵の若い女にとっては、やれXだインスタだとランチの写真と自撮りをあげる自己承認欲求を満たすためのツールに過ぎない。エクセルの自動化どころか表計算すらままならぬ人間がほとんどだろうよ」

「なんと……だが、という事は、今、自分が学んだことは『スキル』になるのですか？　大企業に就職するには『スキル』が必要だといわれたのじゃが……」

「そうだね……」

タカオは求人サイトを開くと、ちゃちゃちゃっと検索し始めた。

「自分、まだ一応20代だよね？　だったら……。うん。こんな感じ、月給25万くらいの正社員にくらいだったらなれんじゃない？」

「25万……」

「少ないって思うかもしれないけど、正社員だから福利厚生しっかりしているし。簡単にはクビにはなんないし。例えばこの会社だと年に2回、ボーナスもあるし、今よりはずっと経済的には安定すると思うよ」

「ボーナス？」

「ああ……、ええと臨時の賞与の事ね。大抵、夏と冬の年2回の事が多い。ええっとこの会社だと2か月分以上だから……夏と冬に50万くらい追加で支払われるということ」

「な、なんと！　50万！」

一瞬、ほんの一瞬ではあるが、うかれてしまった。それだけの金があれば、この前見かけたウルトラファインバブルの超高性能シャワーヘッド（ウン万円である）が楽に買えると思ってしまった。慣れない長い髪のせいか、どうにもパサつきが気になってしまう。すっかり自分も令和女子である。

「だが、それでいいのか栄一？　令和でお前がしたい事は、月給25万で、美しい若い女としての人生を謳歌することなのか？」

やっぱり惇忠先生にはすべてお見通しなのだ。華子はため息をついた。

「……分からぬのです」

「ん！　分からぬとは、どういう事だ？」

「だって、先生。自分は明治の世の中でやりたい事がいっぱいあったのです。でも……令和の世では、それはもう過去の自分がやり遂げている。多くの企業を興し、学校を設立し、福祉に尽力し……。やるだけの事をやったから、大河ドラマにもなったんでしょ？

だとしたら、自分は何のために転生したのか？

同僚の優香や民子に仕事の楽しさを教えるとはいったものの、転職にも失敗し、次にどの手を打てばいいのか、自分は考えあぐねております」

タカオは深く頷き、そして言った。

「考えのない学びは無駄である。学ばずに考えてばかりいては危険である」

「！　孔子ですね！」

「栄一、この数日でお前は現代最大のツールであるインターネットとパソコンについて学んだ。だが、そこに何かしらの思想や実現したい夢がなければ、このツールはおもちゃでしかない。承認欲求のためだけにＳＮＳをやっている奴らと同じだ。

栄一、俯瞰で物事を見ろ。お前、明治何年から転生してきた？」

「？　明治11年ですが？」

「転生のきっかけは何だ？　何があった？」

「頭を打ったのです。岩崎弥太郎殿と会食した際に、少し酒を飲みまして……。それで」

「明治11年にお前は他界したのか？」

「それで、この令和に転生したのかと思っておりましたが……！」

その時、はっと気が付く。急いで、手元のパソコンを開き、ウィキペディアの渋沢栄一のページを開く。死没1931年、享年91歳。……91歳！

「だろう？」

タカオはにやりと笑う。この渋沢ともあろうものが惇忠先生に指摘されるまで、この矛盾には気付かなかったとは！　うかつである。

「じゃあ、明治11年以降の数十年、この渋沢栄一の人生は誰のものなんだ？　誰がこれだけの会社を興し、学校法人を作ったんだよ」

「……自分は誰かと入れ替わったのでしょうか？　もしかして、令和の一栄華子だった者が、栄一として生きて、この事業を成し遂げたとか？」

「おいおい、一栄華子は、ださい男に騙されて結婚詐欺にあうような女だぜ？　かわいい女かもしれないが、『近代日本経済の父』になれるような器じゃなかろう」

「！　では、という事は……」

「俺の推測だが、この転生は一時的なものなんじゃないかと思うんだ。きっと、どこかのタイミングで、また俺たちは、自分たちの生きていた正しい時代に戻るんじゃないかと……」

「タイミング。……頭を打てばいいのでは!?　明治の自分は頭を打って令和に転生したのだから、きっと……」

華子は周囲をきょろきょろと見回す。昨日、優香とあけたシャンパンのボトルが目に入った。結構奮発したシャンパンで、それなりの重量感のあるボトルである。これで、思いっきり頭を殴ればあるいはまた。シャンパンボトルに手を伸ばした華子をタカオが止める。

「おっと、これはまだ推論だ。打ちどころが悪ければ、ただ現世で死んじまうだけかもしれない。そしたら近代日本経済が一貫の終わりだ。……つまり、俺が言いたいのは、この転生にも何らかの意味があるんじゃないかってこと。きっと、ここで学んだことが明治の世に戻った時に、役に立つのでは……と」

「ちなみに惇忠先生は、どのタイミングで何があって令和に？」

「明治5年だ。散歩をしていたら、どっかの民家の2階から落ちてきた植木鉢で頭を打ってな。栄一と富岡製糸場の準備を進めていた頃だな。だから、今、このタイミングで派遣として働く栄一と再会できたことには何か意味があるんじゃないかって思っている。ほら、製糸場では女性工員を多く雇う事になっていただろう？」

「ああ、確かに……」

と思い返して胸が痛くなる。彼女たちの働き方は今の派遣とどれだけ違っただろうか？　生糸の評価は高かったけれど、あそこで働く女たちの何人が「自分の仕事が楽しい」と思っていたか……。もしも明治の世に戻ったならば早急に見直さなければならぬ。

「戻った時、自分に何ができるか？　それを考えるためにVTuberも始めたんだ。たしかに生きていくお金を稼ぐためでもあるけど、でも、自分や周囲の人間がただ必死に生きてくだけで精一杯で、とても俯瞰で見る事なんかできなかった現実を、歴史が俯瞰でどうとらえているかって、めっちゃ勉強になるじゃん。明治に戻った時、それを生かせればって」

「つまり、この栄一にも、きっと令和で学ぶべき事。やるべき事があるという事……」

「その通りだ、栄一」

華子は目を閉じしばし考える。スキルを利用して大きな会社に就職してみるのもいい。インターネットを利用してビジネスを立ち上げたり、タカオ先生のように何かを発信する事もできるだろう。金を稼ぐ方法もやれることも、自分には無限にある。だが……。

「先生のおっしゃる通り、この転生に何か意味があるのであれば、この栄一が令和の派遣スタッフである一栄華子に転生した事に意味があるのでは、と自分は考えます。だったら、そこからできる事に取り組んでみようと思うのです。幼い時の自分がまず、父から藍の買い付けを学んだように。先生、いかが思われますか」

「うん。良いと思う。その意気だ」

タカオは深く頷いた。

「現実は厳しい。傷つく事もあるだろう。……俺も、VTuberとして更に詳しく歴史を学ぶ中で、いっぱい、いっぱい傷ついたからな。……人としての自信や尊厳を失いかけた事も何度もある」

「惇忠先生が？　だって惇忠先生は渋沢栄一の名師匠として、基本的には評価も好感度も高い人物……」

「これ、見てみろ」

タカオはノートパソコンを手早く操作すると「明治時代のイケメンランキング」というホームページを見せた。

「お前も俺も入ってない。このページだけじゃない。このランキングも、こちらのランキングもだ。いや、俺だって分かってるよ。お前のところの平九郎には叶わないって。あれは本当にいい男だったし、夭折だったし、それこそ沖田なんかよりずっと薄幸の美少年だった。でも……」

「な、なんとっ。大隈重信翁や福沢諭吉翁もランクインしているではないか！　おかしいであろう。上位は無理でも、せめてベスト100、いや、ベスト50には私や惇忠先生がいても……」

「だろ！　だろ！　納得いかないんだよ。なんか、奇跡の写真が1枚残ってるよく分からん商人もランクインしてるし！」

「だが、先生、大河ドラマは御覧になりましたか？　先生の役を演じていた俳優はなかなかの色男でしたぞ。自分でいうのもなんですが、渋沢役の吉沢某という俳優はどことなく若い時の私の面影が……」

「栄一、現実を受け止めるんだ」

「？」

タカオ先生は、ネットの新聞記事を栄一に見せる。それは、渋沢栄一の孫娘のインタビューであった。晩年の栄一との思い出を語った貴重なものである。「大河ドラマの吉沢亮さんは、祖父を演じるにはイケメンすぎる」と彼女は明言していた。

イケメンすぎる？

イケメンすぎる！！

イケメン、すぎる……。

「……先生、飲みましょう」

「おう！」

その後、我々がコンビニエンスストアに出向き、酒類を購入したのは言うまでもない。サキイカとポテチを酒の友に、真のイケメンとは何かという事を心置きなく語り合ったのであった。旧知の師匠と心を割って語らう楽しい時間。

だが、どのような素晴らしい出会いにも、必ず別れがある。

それから数日後、タカオ先生はアメリカへと旅立っていった。だいぶ前から決まっていた渡航であった。バーチャルリアリティの未来に大きな可能性を感じていたタカオは、新しい事業に参加する事になっていたのである。

「栄一、お前が転生してくると知っていたなら、もう少し、日本にいても良かったんだが……」

「いえ、数日でもご一緒でき、ご指導を受けた事は令和の自分にとって僥倖でありました。このように今生でお別れする事にも、きっと何か意味があるのでございましょう」

2023年の東京、2人は別れの盃をかわした。きっとまた明治の世で再会できる事を信じながら。

第三章

渋沢栄一、始動する

高層階から見下ろす都心の風景には人の心を癒す力がある。

空を近く感じる事で自然の癒しを得られるからであろうか？

それとも地上でうごめく人々を見下ろす、王者の快感か？

このまま全身を委ねたいような心持ちになる柔らかなソファに腰掛けながら、銀座の街を見下ろすだけでも深く心が癒されていくのに、目の前には豪勢なアフタヌーンティーとシャンパングラス。これほど女子の心が癒される空間と時間があるであろうか？

「はぁ。命の洗濯よね。……自分には贅沢だって分かってるんだけどさ」

民子はうっとりと呟きながら、窓の外に目をやりつつ薫り高いアールグレイティーを味わっている。

「いやいや、自分へのご褒美、大事ですって」

そうはいうものの、優香はまったく食べ物には手をつけず、ひたすら写真を撮りまくっている。きっと、後でインスタにアップするのだろう。

「でも、これもそれも、みーんな華子ちゃんのおかげだよね。たった1か月で時給が200円もアップするなんて」

時給200円アップ。1日にわずか1600円。

だが、それが週5ともなれば、このアフタヌーンティーを3時間フリードリンクで楽しんでも十分におつりがくる。

わずか200円、されども200円。

「私の力じゃないよ。民子さんと優香ちゃんの働きが認められたからじゃない！」

「でも、あんな事、私達ぜーんぜん思いつかなかったもの……」


始まりは晴海であった。

2021年に開催された東京オリンピック。その選手村の跡地に建設中のハルミフラッグは総戸数5000を越える。分譲マンションとしては国内最大の規模だ。来年の入居開始に向けて、今もまだ販売が続いている。ここに新しい街ができると言っても過言ではないだろう。当然、日本を代表する多くの不動産会社がこの晴海に注目し、周辺にも大型のタワーマンションが新築されている。というわけで、華子も晴海の某マンションギャラリーへと異動となったのであった。

最初の3日間、華子は率先して接客し、営業担当、物件のリーダーと積極的にコミュニケーションをとる事を心掛けた。営業マンたちの報酬は、本人たちの売り上げ実績、つまり、マンションの部屋をいくつ売ったかによって歩合で決まる。そのため、晴海のような人気物件の担当となるのは営業マンたちにとっても大チャンスなのである。受付スタッフの些細なミスでお客様の機嫌を損ねられては、大損害。彼らがピリピリとするのも致し方ない。

まず華子は営業マンからのクレーム対応を心掛けた。「うちのスタッフが何かご迷惑をおかけしてないでしょうか?」と聞いてまわるのである。クレームだけではなく、期待されているスタッフについても同様に聞き出す。その結果を華子は毎日、ブリリアント本社に報告した。ヒステリックな悪口ではなく、事務報告として。

「リーダーより、○○さんの勤務態度についてご注意を受けました。このままですと来月のオーダー人数が減らされる可能性がありますので、本社よりご注意をお願いいたします」「××さんのような方だと安心して現場を任せられるというお褒めの言葉を頂きました」などといった具合に。

不動産を専門とした受付派遣会社など、それこそ星の数ほどある。（現在、日本には4万以上の派遣会社があるそうだ）他の会社に乗り換えられてオーダーストップされる事、これこそがブリリアント本社が一番恐れている事である。これは効果てきめんであった。晴海の物件には勤務態度の真面目なスタッフしか派遣されないようになり、そういったスタッフを管理する「物件リーダー」に指名された華子の時給は100円上がったのだ。この事を華子は、東京郊外のファミリー向け物件に勤務している民子、そして都内の超高級物件に勤務する優香にもすぐに伝えた。「リーダーから問題のあるスタッフ、評判のよいスタッフを聞き出して、それをただ冷静に本社に伝えるだけでいい。それだけで時給100円上がるから、試してみて」と。

物件によって求められる受付スタッフは違う。民子が勤務する中央線沿線郊外の大型物件は、3LDKで4000万円台からとお値段もリーズナブルなため、若いファミリー層の来客が多い。そのためキッズルームが併設されており、ベビーシッターも常駐しているのだが、土日の来客の多い時にはシッターだけでは保育に対応しきれない事もある。そんな時、育児経験のある民子のようなスタッフは強い。民子は業務の中に「使用済みのおむつ」の廃棄や、時には幼児が汚してしまったトイレなどの清掃なども含まれる事を本社に伝え、『ネイルを変えたばかりなので、そういう仕事はできません』『トイレ掃除は受付の仕事には含まれません』などと業務拒否したスタッフに関するクレームも華子方式で報告し続けた。

また、ファミリーが中心の物件では、若すぎたり、美しすぎたりするスタッフもあまり評判がよろしくない。訪れたファミリーの夫が、美貌の女子大生スタッフのパパ活相手だった時はひやりとした。あの時の気まずい空気は忘れようもない。もちろん、そのファミリーは物件の契約には至らなかった。民子がこの事実を報告した事から、この物件には若い受付スタッフは配置されないようになった。実は中高年の受付スタッフが歓迎される物件は少ない。客商売は若く美しい女性が担当した方がいいという思い込みがこの国にはまだあるためだ。そのため、能力は高くてもなかなか勤務先がなかった中高年スタッフたちがこの物件に派遣されるようになり、きびきびと働いた。もちろん現場での評判もよい。

この実績を認めた本社は民子を「物件リーダー」に。華子と同じく時給が100円アップ。更に幸運だったのは、中高年スタッフの中に「保育士」の資格を持っている者がいた事である。ベビーシッターがインフルエンザで欠勤して大わらわだった時に、資格持ちの彼女が代打を務めたのをきっかけに、ブリリアントは受付スタッフだけではなく、ベビーシッターの派遣も始めることを決めたのだ。民子の物件がその第一号となり、受付、シッターどちらでも勤務可能なスタッフは時給が100円上がる事になったのである。大卒の華子は実は小学校の教員免許を持っている。それ故、シッター勤務が可能と判断され、さらに時給が100円上がった。現在は保育士免許獲得を目指して、通信講座で勉強中である。

優香も、勤務する渋谷区北参道の超高級物件で同じようにふるまい、時給をアップさせた。そもそもこちらの物件のスタッフに受付としての能力はほぼ期待されていない。いわば「飾り」として各所にコンパニオン的なたたずまいで常駐している事を求められるからであった。受付はもちろん、エレベーターホール、シアタールーム、その他、道案内など。一定の距離に制服を着た若い美しい女が存在している事で、ラグジュアリー感を出そうという演出なのである。

この物件の営業リーダー・小暮は美意識が高い事で知られている。優香は、スタッフにスカーフを巻かせたり、黒ではなくベージュの靴を履かせたりとセンスを発揮し、小暮リーダーを満足させたのだった。

だが一度、トラブルが起こった。学生スタッフの中でほぼノーメイクの状態で出社した者がいたのだ。そのスタッフは体育会系の部活をしている女子学生で、目鼻立ちは悪くなく、肌も美しいのだが、メイクの経験がなかったらしい。また、かなりがっしりとした体形をしていて他のスタッフと比べて足腰がしっかりしている上に、男の子のようなショートカットであった。(後に分かった事だが、ブリリアントでの面接時は長い髪だったのに、勤務前に切ってしまったらしい)ヒールのない靴を履いていた事も、彼女の体型を悪く見せる一因となっていた。洗練されたビジュアルのスタッフの中で彼女が悪目立ちしている事は間違いなかった。

リーダーから呼び出された優香は「あの子は物件のイメージにふさわしくないから、お客様から見えない場所で勤務してもらうように」と指示された。具体的には、ほぼ人通りがない、スタッフ休憩所の前に1日中、ずっと立っていてもらえ、というのだ。

そんな残酷な事は言えない。優しい優香は事務スタッフからシュレッダー作業の依頼を受け、当日、女子大生にはそれを担当してもらう事で難を逃れた。

「でもね、その体育会系ちゃん、この後もシフト入っているのよ。毎回、毎回、シュレッダーとか何か仕事見つけてあげられるかも分からないし。でも、こんな理由……見た目がイマイチだからNG出されているって本社に言うの可哀想じゃない？　私、どうすべき？」

その夜、優香は華子に電話で相談した。

「……確かにひどい話だね。でも、その物件に勤務し続ければその子が辛い思いをする事になる。感情的にならずに本社に報告して、……後は私がなんとかするから」

「なんとかって？」

「まあ、見ていなさいって」

華子には作戦があった。体育会系ちゃんに代わって、自分がその物件に勤務すると本社にかけあったのだ。晴海の物件は優秀な人材が育っており、華子がいなくても十分に回る状態になっていた。なので体育会系ちゃんには自分に代わって晴海に行って貰う事にした。新人の学生バイトにはちょっと荷が重い物件かもしれないが、他はベテランスタッフたちばかりだから、なんとかなるだろう。メイクの仕方は誰かに指導させることにしよう。

まつエクを増毛し、かなり濃いめではあるもののベージュと茶を基本にしているために男目線ではナチュラルに見える超高度なメイクで顔を作り、しっかり髪を巻き、ふくらはぎが格段に細く見えるピンヒールで華子は北参道へ出陣する。(どうやら小暮リーダーは大根足を憎んでいらっしゃるようだから)感じのよい落ち着いた美貌に、明るい笑顔。そして、持ち前のコミュニケーション能力と、トークスキルで華子はあっという間に小暮リーダーに取り入った。

小暮は女性蔑視のいけ好かない男だろうと思っていたが、本当は自分に自信がない小心者である事がすぐに分かった。リーダー自身が、この華やかな都心の物件(不動産最大手のM社が本年度もっとも力をいれている物件という噂であった)に自分のような男はふさわしくないのではないか……と強く感じているのである。小暮は現代の男性としては大変に小柄であった。渋沢栄一も比較的小柄な男であったが、その事にコンプレックスを抱いた事はない。ルックスの事など気にしている暇もなかったというのが本音だが、仕事もできたし、女にもモテたし、コンプレックスを抱く必要がなかったのである。これほどの大型物件を任されているというのだから、小暮の実績も相当なものであろう。元はトップ営業マンだったというだけあって、ちょっと神経質そうなところはあるが色白で清潔感があって、それなりのいい男でもある。

「現代人のルッキズムは異常だ」というタカオの言葉を思い出した。肉体からの離脱、ルッキズム……現代人は一体、どこに向かおうとしているのだろう？

だが、そのような事を話し合うためにこの物件に来たわけではない。まず、華子は小暮リーダーの「美的センス」をほめたたえた。実際、この物件は大変にしゃれているし、モデルルームも素晴らしい。トイレにおく石鹸までリーダーがこだわって選んでいるという。（ベルガモットとラベンダーをベースにした非常に高級感のある香りである）ただ人のルックスに厳しいだけの男ではない。おそらくは美意識が非常に高く、それに対するこだわりも強い。だから自分の容姿が許せない。

「小暮リーダーの美意識とこだわりで、物件のイメージがお客様に的確に伝わっていて、素晴らしいなと感じておりました。そんな中、先日は、リーダーのこだわりを損ねてしまうようなスタッフを派遣してしまい、大変失礼いたしました」

「いや、それは仕方ないよ。本来なら、きちんと私が面接してふさわしい人材を雇用できればいいんだけど、そんな事は不可能だし……」

「なぜ不可能なんでしょうか？」

「派遣会社に外注している以上ね。……ほら、差別になってしまから。今は募集要項に年齢制限どころか、性別の区別すら書けない時代ですからね」

「ですが、この物件は都内でも有数の高級物件かと思われます」

「まあ、それはね」

「いらっしゃるお客様もＶＩＰが多いはず。そういう方の個人情報を扱う場所です。……派遣とはいえ、関わるスタッフも厳選されて当然なのではないでしょうか？」

「つまり？」

「スタッフを選別する理由がある物件なのではないか？　というご提案です。年齢やルックスで排除するのではなく、ＶＩＰの個人情報を保護するという観点から、不特定多数のスタッフを出入りさせるのは危険だという理由で」

「！　……なるほど」

これをきっかけにＭ社の受付スタッフは物件ごとの登録制となった。事前に面接し、その物件に採用になったものだけでシフトを組むスタイルである。審査に通ったスタッフは時給が１００円アップとなる。優香もその１人であった。華子は内情を本社に伝え、こちらの物件に入るものには７センチ以上のヒールの着用、また元コンパニオンのスタッフによるメイク実習を必須とした。制服も７号、９号までしか用意せず、それを着用できるスタッフのみの勤務とする。何のことはない。ルックスや年齢でスタッフを選別しているのである。差別だとは思うが、ルックス差別のある場所にルックスが良くないスタッフを送り込んでも、本人が苦しむだけだ。ルックスも能力。人にはそれぞれふさわしい場所がある。何事も適材適所である。

適材適所といえば、晴海でもちょっとした事件が起こっていた。

「華子さん、あの体育会系の大学生、すごいです。中国語ペラペラなんですよ。ほら、うちの物件、中国人の来客、すごく多いじゃないですか。この前、予約なしで来ちゃったお客様がいて。通訳もつれてこないし、英語も日本語も分からないし、通訳さんは急には呼べないしで、大変だったんですよ。そしたら、あの子が。なんでも、去年、ケガで引退するまで本格的に卓球に取り組んでいたらしくて。それで中国に留学経験があったんです」

まさに適材適所。その体育会系女学生は晴海の物件のレギュラーメンバーとなった。

「たった1か月でなんだか私たち、全然違う世界にきたみたい。……もっと早くにこうすればよかった。そう思っちゃうな」

優香がふと呟いた

「だってそうでしょう？　私たち、やっている仕事は何も変わらない。特にすごいスキルを手に入れたわけでもない。仕事の内容はいつもと変わらぬ受付スタッフ。でも……なんていうか、ちょっと一生懸命やったら……相手の気持ちを考えたら、かな？　上がらなかった時給がこんなに簡単に上がる……」

「時給もそうだけど、なんか、全てがいい方向へ行くのが凄いよね」

民子も同調した。

「今までもいたじゃない？　一緒に働いていて、働きづらいな、この仕事向いてないなって子。でも、本社に報告するのは告げ口みたいで感じ悪いし、ただ影でこそこそ言ってるだけだった。でも、そんな事、何の生産性もない事だったんだなって。

悪口じゃなく、改善するために報告することで、私達も働きやすくなったし、クライアントの満足度もあがって、労働環境も良くなっている。それに報告された側の人もいい結果になっているのが凄いと思うの。ほら、その体育会系の子だって……」

「ねえ、まさか中国語がペラペラなんて」

「あれはまさに怪我の功名であったの。晴海や豊洲などの湾岸部では中華系の来客が非常に多いのじゃ」

中国語ができるスタッフがいたらいいなというのは、華子もうすうす考えていた事であった。だが、英語や韓国語と比べて、中国語を話せる日本人は非常に少ない。正直、派遣スタッフにそれを求めるのは難しいのでは、と思っていたのだが……。

「それは違うよ。華子ちゃんが前向きに動いた結果が、みんなを幸せにしたんだと思う。ぐちぐち悪口言ってるだけじゃ、絶対にこうはならなかったはず」

「それはそうかもしれぬ……。何事でも自己の掌《つかさど》ることに深い趣味をもってつくしさえすれば、自分の思う通りにすべてが行かぬまでも、心から生ずる理想、もしくは欲望のある一部に適合し得るものと思う、うん」

その言葉を聞いた民子は、何か思い当たる事があるという顔をした。

そんな民子に気付かず優香は話し続ける。

「でも、華子も中国語マスターしたんでしょ？　それって、すごくない？　たった1か月で。あと実は英語とフランス語も話せるんだって？　本社の人に聞いたよ。いつの間に！」

「あはは、うまく言えないけど、頭打ったら、なんか記憶力よくなっちゃったのかも……」

華子は慌ててごまかす。渋沢栄一は語学が得意であった。パリに行った時もわずか1か月でフランス語をマスターしている。令和に転生して、日本人のほとんどが中学生から(最近では小学生から)英語を学ぶのに、実際に話せるものが少ない事に衝撃を受けたくらいである。語学にコツなどない。本当に必要なら身につける事ができるはずだと思うのだが……。まあ、こんな事をいうとまたタカオ先生に 皆が自分と同じくらい優秀だと考えるな、と怒られてしまうかもしれないが。

「まあ、**勉強の心を失ってしまえば、その人は到底進歩発達するものではない**……からの」

「……渋沢栄一？」

先ほどから真面目くさった顔をしていた民子がふと言った。突然に、自分の名前を呼ばれて華子は激しく動揺する。もしかして……ばれてる？

「え、あ、なんの事かな？　ワシは一棠華子であるが……」

「そんなの知ってるよ。もう何年の付き合いだと思ってるの！　いや、今の格言みたいのもそうだけどさ、最近、らしくない発言多いじゃない？　華子ちゃんが変わった原因ってもしかして渋沢栄一の影響なのかなって思って」

「え、そうなの？　でもそういえばA銀行に突撃した時も言ってたよね。『ワシは渋沢栄一じゃ！』って」

「もうやめて、蒸し返さないで。……えっと、あの、そうね……そうなんだ！　私、最近、渋沢栄一の本を読んだのよ。ほら、大河ドラマを見て興味を持って」

華子は鞄の中から『論語と算盤』の文庫本を取り出す。

『論語と算盤』は大正5年（1916年）に刊行された渋沢栄一の著書である。明治から転生してきた今の華子こと栄一は、もちろん、この本の存在を知らなかった。未来の自分がまとめた本を読むという希少な経験、転生しなければできなかったであろう。タカオ先生の言う所の「自分が必死に生きていた現実を歴史として俯瞰で見る」という体験である。明治の栄一も合本主義にこだわり、ただ個人の利益を追求するだけの商売には意味がないと考え、孔子の『論語』を生き方の基盤とし、商売においてもそうであろうと考え、実行はしていた。だが改めて書物としてまとめられたものを読むと、自身の考えを明確に整理し、確認する事ができた。これは有難い体験であった。

「そうそう、その本、『論語と算盤』？　最近、うちの息子もはまっててさ」

「息子？　ああ、民子さん、そういえばお坊ちゃんがいるんだったの」

「うん、中2。まあ、最近、学校には行ってないんだけどね」

「？　だが、現代の日本では中学は義務教育では？」

「ちょっと、華子！」

慌てた様子で優香が遮った。

「ううん、いいの、いいの。ねえ、華子ちゃん、今、小学校とか中学校の不登校児って20万人くらいいるんだよ。知ってる？」

「何！？　それは、あれか？　病か何かで……」

「分からない。人によって色々あると思う……でも、人間関係に悩んでいるって子が多いんじゃないかな。いじめとかも含めて」

暮れかかった銀座の街を眺めながら、民子はふうっとため息をつく。

「人間関係！？　どういう事じゃ！？……だが、おかしいではないか？　学校に行かねば学校教育は受けられまい。義務教育を受けられるのは彼らの権利なのだぞ？」

「そうなんだよね……。でもね、実際は、義務教育だから、不登校であっても、何も学んでなくても卒業させてもらえるってのが現状かな」

「いや、それは間違っている。20万人もなんらかの理由で学校に通えない子供達がいるのであろう？　だったらその20万人が、学校に通ったのと同じレベルの教育を受けられるようになんらかの手配をする。それが政治ではなかろうか？」

それこそ、インターネットを使ったオンライン授業だったり、対人恐怖であるなら仮想空間でＡＩに指導させるなり、なんなりあるだろう。政府の要人や教育関係者すら簡単なインターネットの仕組みも理解していないのであろうか？　どうなっているのだ、この国は！

「あはは、やっぱり、華子ちゃん面白い。うちの息子も同じ事を言ってる。自分のように学校に行きたくない子供たちにも教育を与えるのが本来の義務教育の目的じゃないかって。『教育の義務は子供が負うものじゃない、与える側の大人が負うもののはずだよ』って」

中学2年生というと……14歳か。14歳でそのような論理的な考え方ができるのは中々に見込みがある男のようだ。華子のそんな気持ちが伝わったのか、民子はぽつぽつと話を続けた。

「親バカかもしれないけれど、うちの子、成績は悪くないのよ。これからどういう道を歩むのか今は分からないけど、出来る限りは支えてあげたくて。私、保育士資格とったら転職も考えているの。なんとか収入を増やしたくて……。ごめんね、せっかくのアフタヌーンティーなのに、こんなしんみりした話」

「ううん。分かるよ。……私もごくごく普通の公立中学に行ってたけどさ、不登校になる子って、成績いい子も多かったよ。きっと繊細なんじゃないかな。勉強ができるなら、今は高校卒業資格試験とかもあるし……」

励ますように優香が言う。華子は優香とは別の事を考えていた。

「その息子さんに、会ってみようかの」

「え？　うちの息子、中学生だよ」

「中学生で渋沢栄一に興味があるなんて、面白いじゃない。会ってみたい」

「華子ちゃん！　中学生に手を出すのは犯罪だよ。そんな事より合コンしようよ。そうそう、今度商社の人たちと……」

慌てた優香がそう言ったが、華子はあまり気が進まない。

この2か月の間、優香に誘われて二度ほど合コンとやらに行った。

華子とて色事や恋愛に興味がないわけではない。せっかく容姿の良い女に転生したのだから、女としての喜びを経験してみるのも……と思っていたのだが、その場に参加している男たちにどうしても興味がもてないのだ。確かに自分たちの時代の男たちと比べて、小綺麗でさっぱりしてお洒落な男たちが多い。（あまりにも肌がきれいなので、女と間違えてしまった男もいた）だが、「この国をどうしたいと思っているのか？」という問いに答えられるような者は誰もいない。どころか「選挙にいかない」と豪語する者すらいた。自分の時代の男たち……西郷隆盛、大隈重信、井上馨、岩崎弥太郎……。彼らと比べたら、物足りないと感じてしまう。

「いやいや、さすがに民子さんの息子さんに変な事しないし。ただの興味よ、興味」

「うちの息子なんかに本当に会ってくれるの？　すごく喜ぶわ。華子ちゃんの仕事ぶりに興味を持っていたから。ほら、華子ちゃん本社のスタッフと掛け合ってスタッフの番付表を作ったでしょう？　勤務履歴を入力するだけで、そのスタッフのランクや適正が自動的に計算されて、次に派遣すべき物件が一目で分かるっていう。渋沢栄一も、藍の取引先の業者の番付表を作っていたんですって。それでね……」

息子の事を話す民子の目がキラキラと輝きだした。子を思う親の心はいつの時代も変わらない。こんなに楽しそうな民子を見るのは初めてだった。

＊　＊　＊

「蟹穴主義《かにあなしゅぎ》、かな」

「蟹穴主義？」

「**私は蟹は甲羅に似せて穴を掘るという主義で渋沢の分を守るという事を心掛けておる**……だっけ？」

とある水曜日の昼下がり、最寄り駅から10分ほど離れた都内の住宅地の公園に民子の息子、戸山洋《とやまよう》はいた。華子の身長よりも小さい滑り台のサイズなどから察するに、おそらくは幼児向けの公園であろう。午前中は近隣の保育園のお散歩でにぎわうが、昼過ぎからは散歩の老人が来る程度のようで穏やかで静かな時間が流れている。洋は、藤棚の下のベンチにいた。藤棚の下にはちょうど食卓程度のテーブルもあり、天気が良い日はここで勉強したり、本を読んだりするのが洋のルーティンであるらしい。

健康的な若者である。図書館やファミレスではなく太陽の光の差す公園で勉強するというのもなんとも好ましい。『不登校』という言葉を聞いて、ついつい暗いいじけた若者を想像してしまうが、目の前の洋は少年特有のほっそりとした体つきに色白ではあるがすっきりとした顔立ちをしていて、爽やかさと明るさに満ちている。美形というわけではないが、切れ長の瞳が力強い意志を感じさせ、顔だけ見ると年齢より少し大人びて見えるくらいだった。

何故に君は学校に行かないのか？　と問うてみたい気もした。だが、いきなりそれを尋ねるほど野暮な華子ではない。まずは渋沢栄一の話をしてみる事にする。「洋くんは渋沢栄一に興味があるって聞いたけれど、渋沢の言葉で何か気に入っているものはある？」と。それに対する洋の答えが冒頭の「蟹穴主義」である。

「蟹穴主義か。なんか意外だったな」

「どうして?」

「だって若い時って、自分の可能性は無限だって思っているものじゃない?だけど蟹穴主義はある意味、それを否定しているともいえる。『自分の分を知って、それに合わせた大きさの穴を掘れ』。大きな蟹の穴は大きく、小さな蟹の穴は小さい。そういうのって、若い人の心には響かないような気がしていた。自分は今は小さくても、もっともっと大きくなれる、いいや、なってやるって、思うんじゃないかって」

「ああ、僕はそういう風には考えなかったんだ」

洋はふっと目をあげ、華子の瞳を見た。吸い込まれるほどの力強さのある眼差し。この子はあまり同年代の女の子にもてないのではないか? ふと華子は思った。こんな目で見られたら「怖い」と思われてしまいそうだ。だが、ある程度、年齢を重ねた女性なら、この眼差しを「色っぽい」と思うのではないだろうか? 華子はそうだった。はしたなくも自分がドキっとしてしまったのを感じながら、そういえば令和の世にきてから、こういう目をした男に会うのは初めてだな……と華子は感じていた。

「蟹穴主義で問われているのは大小ではなく、適性なんじゃないかと。つまり、自分に何ができるかを見極めて、その能力を磨き、仕事につなげなさい、と。君は蟹なのか、魚なのか、それともあしかみたいな哺乳類なのか？

極論すれば、フィジカルを極めてスポーツ選手になる人材なのか、そうではないのか？　理系なのか？　アート系なのか？　文系なのか？　みたいな事ですよね。もちろんスポーツ選手になったところで、野球の大谷選手みたいに何億も稼げるようなトッププレーヤーになる人と、そうではない人もいるわけで、そういう段階になれば大小や優劣の話になってくるわけだから、渋沢さんはその話をしているのかもしれないけれど。……僕はまだその段階の人間ではないから、断言できない」

そう言い終えると、洋は手元にあったペットボトルの麦茶を飲んだ。コーヒーではなく麦茶なのを見て、そうだ、この子はまだ未成年なんだったと華子は思うのであった。

「つまり、まだ自分の適性を見つけあぐねている……将来の夢がないという事？」

洋はふうとため息をついた

「まさに、それです。僕は凡庸なんですよ。世の中の天才と言われる人……それこそアスリートであるとか、この前、史上初の八冠を達成した将棋の藤井聡太さんとか、ああいう人って4、5歳で自分の好きなものに出会って『これだ！』と思って、努力して成功して……それはそれでとても厳しい道なのでしょうが、ある意味恵まれているともいえると思うんです。

大抵の子供は4、5歳で本当にやりたい事なんかに出会えない。僕もそうです。出会えていないから諦めることも、挫折する事も経験していない。僕はゼロなんです。

そういう意味では僕は焦っています。将来自分の進むべき道を決められていない事に。自分の適性をまったく理解していない事に」

「そんな……まだ、14歳で」

「藤井聡太さんがプロ棋士になったのは14歳の時ですよ。大谷翔平だって14歳の時には将来進むべき道を決めていたはずです。それこそ渋沢栄一だって」

「渋沢栄一が？」

「父に代わって藍の葉の買い付けを始めたのは14歳の時だと本に書いてありました。姉の病気の原因が無縁仏のせいだと絡んできた占い師か何かをやりこめたのも、この年齢のはずです。彼にはもう自分の信念があったんですよ」

占い師ではなく修験者だけどね、と華子は心の中で修正する。確かに、栄一はこの年齢の時には自分の思想の核となる部分は獲得していたように思う。だけど、そんな事をいったら、この洋くんだって……。

「本当に……なんていうか」

「はい？」

「洋くん、よく勉強しているね。渋沢栄一の事、本当によく知っている」

「**ただこれを知ったばかりでは興味がない。好むようになりさえすれば、道に向かって進む**」

またもや、さらりと渋沢の言葉を引用しながら洋は続けた。

「なのに、自分が何を好むのかも分からないなんて。人として、何かが欠落なんじゃないかと思うくらいです。保育園を卒業する時、小学校を出る時、必ず聞かれるんです。『大人になったら何になりたい』って。僕、ないんですよ。『誰にも負けないくらい好きな事』も。誰にも負けないなんて、何を根拠に言えるの？　僕はこんな狭い世界しか知らないのにって」

「でも、例えば、あなたは歴史が好きじゃない？　渋沢栄一の事をこんなに勉強している」

「勉強は好きですよ。知らない事を知るのは楽しいし、ゲームでいうところの強化アイテムが溜まっていくような楽しさはあります。でも、だからそれがなんだっていうんですか？　自分が戦うべきゲームが分かってないのに、強化アイテムばかり溜めたところで」

洋は再び嘆息した。この頃には、華子はすっかりこの若者に魅せられていた。

「洋くんの考えている事、すごくよく分かるわ。

渋沢も『論語と算盤』の中で言っているよね。『今の青年はただ学問のために、学問をしているのである。初より確然たる目的なく漠然と学問する結果、実際社会に出てから、我は何の為に学びしやというがごとき疑惑に、襲われる青年が往々にしてある』と」

「まさにそれです。第九章『現代教育の損失』ですよね。初めて読んだ時は眠れなくなった。僕の事を言われているのかと思った」

「洋くんのお友達はどうなの？　周りの中学生たちも、皆、あなたのように焦っているのかしら？」

「……ただ、同級生だからというだけで、誰かを友達と呼ぶ習慣はないのですが、」

洋は少し口の端をゆがめてシニカルに笑った。思いのほかふっくらとした厚い血色のよい唇が、クールを装っていても彼の中にたぎる情熱や熱さを感じさせていた。

「彼らはそういう事は考えていないように僕には思えます。彼らが勉強するのは高校に行くため。そして大学に行くため。成績が良ければ医者になったり、有名な企業に入れるって思ってるんでしょう。そうでなければ公務員になるか資格でもとるか、親のコネで就職するか。それもダメならどこでもいいから正社員を志して働く。歯車として稼働する事が自分の適性だと思っているのかもしれない。……いや、適性とか何も考えないうちに気が付いたら歯車にさせられている。怖くないのかなって思うんです。僕はめちゃくちゃ怖いです。……正直、みんな、よく中学校になんか行ってられると思いますよ」

「それは、ほら、適性を知るために勉学って必要だから」

「だけど、公立中学校の勉学のレベルってあまり高くないんです。レベルの低い生徒にあわせて、必要最低限の事しか教えてくれないから」

何、そうなのか!? そういえば、洋の鞄から覗いているのは高等数学の参考書である。

「そ、それは、洋くんが優秀だからでしょう。普通の生徒は……」

「大抵の生徒は進学塾で先取り学習しています。学校の授業にやっとついていっているようじゃ、都内ではまともな高校進学なんておぼつきませんから。みんな、学校の授業なんて復習だと思っているんじゃないかな。あなたもそうしなさいって母さんは言うけれど、復習だけのために1日の大部分をとられるのはバカバカしい気がする。だったら、もっと学びたい事もあるし、読みたい本もある」

まったく同感である。渋沢は幼い頃から数多の書物を読み、小学生と呼ばれる年齢の頃には漢文を読み解いていた。それが、もしも「周りの子のレベルにあわせて」いろはにほへとを学習しろと言われたらどれほど苦痛であろうか? というか、同じ子供といっても、レベルも適性もあるのだから、それに合わせた義務教育を施すべきではないのか？

この国の教育の怠慢はなんという事であろう。華子の胸にもまた怒りがこみあげてくるが、ここで洋に同調するのは大人気ない。正しいから認められるわけではない。銀行で渋沢栄一を名乗って、炎上が起きたことを華子はけして忘れない。

「だが、学校で学ぶのは勉強だけじゃないでしょう？　その人間関係とか」

「そうですね。……学校に行ってまで、わざわざ会いたいと思う人がいるなら、学校に行くかもしれませんね。渋沢栄一におけるところの尾高惇忠みたいな先生がいれば、ね」

洋は鞄から薄いタブレットを取り出した。その画面に映っているのは……。懐かしのタカオ先生。VTuberタカオの歴史チャンネルだった。

「僕、このチャンネル好きなんです。歴史上の人物を紹介してるんですけど、いろいろネタが豊富で。ちょっと調べてみたんですが、必ずしも歴史上の根拠が残ってないネタもあるみたいなんですよね。でも、僕、これ、創作だとしてもいいなと思うんです。だって、僕らは歴史上の人物に直接会えるわけじゃないんだから、残された情報を元にその人物を推測するしかないでしょう？　僕の推測とタカオの推測を照らし合わせるのが楽しくて……」

やるな、お前。尾高惇忠先生のような師匠が欲しいと嘆きながら、本当に惇忠先生の指導を受けているとは。この感動を洋に伝えられない事がもどかしい。このように知的で冷静な若者ほど「転生」などという非現実的な事を簡単に受け入れるとは思えないからだ。だが、この少年はけして凡庸などではない。この思いをどうやったら彼に伝えられるのだろう。

などと華子が思いあぐねていると、幼い声が2人の間に割って入った。

「兄ちゃーん、また『れきし』のやつ見てんの。俺にも見せてよ」

やってきたのは洋より少し幼い少年……おそらくは小学校の中学年くらいであろうか？

「そろそろ小学校の授業が終わる時間ですからね。小学生たちがこの公園に集まってきますよ」

「ねえ、兄ちゃん、この女の人、誰？　彼女？」

「違うよ。この人は僕のお母さんの友達だ」

「え？　だって、兄ちゃんの母さんより、この人の方がずっと若いじゃん」
「年齢の違う人同士だって、友達になれるんだよ。だって、兄ちゃんと大樹だって5つも年が違うけれど、友達じゃないか」

大樹と呼ばれたその子は嬉しそうに微笑むと、洋のタブレットを借りてタカオ先生の歴史チャンネルを見始めた。今回のテーマは新選組。大樹は土方歳三が好きらしい。やがて同じような年頃の小学生たちが数人集まってきて、新選組ごっこという名のちゃんばら遊びを始めた。新選組の実態を知る華子からしたらなんともシュールな遊びである。そんな子供達を目の脇に置きつつ、洋は自分の勉強を進める。参考書を開き集中するさまは優等生のたたずまい以外の何物でもない。するど面白いもので、新選組ごっこをしていた子供達の幾人かも学校の宿題を洋と並んで始めるのであった。その様子はまるで寺子屋である。

子供達の中には宿題が自力で解けないものもいて（けして難しい内容ではなかった。このような簡単な計算すらできない小学生がいる事が華子にはショックであった）そういう子たちは、洋に質問をしてくる。洋は安易に答えを教える事はせず、その子が理解できるまで懇切丁寧に考え方を伝えていた。その上、ノートの切れ端に同じような復習問題を作って、子供たちに渡しているのだった。自ら学びつつ、幼い者たちにも教えるその姿は小さな惇忠先生のようだった。きっと、彼自身はそんな事、考えてもいないのだろうけれど。

「華子ちゃん、今日は本当にありがとう。本当に簡単なもので申し訳ないけれど、よかったら夕飯食べていってよ」

そう言いながら民子は肉じゃが、油淋鶏、きんぴらごぼう、叩ききゅうり……などの様々な総菜を並べる。出来あいのものではあるが、種類が豊富で美味しそうだ。

マンションギャラリーなど、不動産関係の仕事は火曜日と水曜日が定休である場合がほとんどである。そのため、不動産の受付スタッフの仕事がない火曜と水曜、民子は地元のお弁当屋さんでバイトをしているのであった。時給はけして高くはないが、ラストまで勤務をすれば売れ残りのおかずが貰えるのだ、と民子は言っていた。「息子の昼ご飯くらいにはなるからね」という言葉を聞いた時は弁当を用意しているのかと思っていたが、今思えば公立中学には給食がある。学校に行かない息子の為の昼食のおかずをストックしていたのかもしれないと思うと華子は胸が苦しくなった。

「ごめん。なんか、こんな時間までお邪魔しちゃって」

「ううん。なんか華子ちゃんと話せて洋も楽しそうだったし」

「洋くん、もう1つだけ聞きたい事あるんだけど、いい?」

「? なんですか?」

大きな油淋鶏のから揚げにかぶりつきながら、洋は返事した。食いっぷりのよさはまだまだ少年のそれである。

「さっき、小学生の子たちに、勉強を教えていたでしょう? あれは君にとっては無駄な時間ではないの?」

「……華子さんは、無駄だと思うんですか?」

「私は今、洋くんの意見を聞いているのよ。ほら、だって、復習にすぎない簡単な勉強をするために中学校に行くのは時間の無駄に感じるって言ってたでしょう? あの公園であなたが教えていた子供たちは、もっと幼い。しかも学習レベルが高い子供達には見えなかった。ああいう子たちと過ごす時間を無駄だとは思わないのかなって」

「あら、洋、あなた、小学生に勉強なんか教えているの？　知らなかった」

「時々だよ」

ぶっきらぼうに洋は民子を突き放した。母親に自分の色々を知られるのは恥ずかしい年ごろなのだろう。

「……質問に質問で返すのは品がないかもしれないけれど……。

じゃあ、華子さんはなんで、母さんに時給が上がる方法を教えたんですか？」

「時給が上がる方法？」

「母さん、物件リーダーになって、時給が上がったって喜んでいました。華子さんに教えてもらった通りにしたらそうなったって。

母さんの時給がアップしたって、華子さんにとって利益は何もない。むしろ、自分だけがポイントを稼いで、本社に優秀さをアピールした方が、正社員雇用なりなんなり、プラスになる事があるかもしれない。そうやって人を出し抜いて、のし上がるのがシンプルな出世の方法ではないんですか？」

「まあ洋、あなたなんて事……」

「それなのに、どうして？」

「それは……」

そんな事、考えてみた事もなかった。うまくいくやり方を人に教えるのに何のためらいがあろう。そもそも正社員になりたいとも思っていなかったし、自分の損得なんて考えてもいなかったのだ。

「なんでだろう？」

「やっぱり！　僕もなんですよ。なんでか、わからない。でも、あの子達をほっておけないんです」

「ほっておけない？　どういう事？」

「……大樹っていたでしょう？　最初に来た土方歳三が好きな子、あの子、18時まで自宅に帰る事を禁止されているんです」

「？　どうして？　別に親がいなくても、あのくらいの年齢になれば1人で留番することもできるでしょう？」

「親はいるんです。彼の母親は働いてませんから。ただ、その……」

洋は言い辛そうに頬を染め、もじもじとした。何かを察したように民子が引き継ぐ。

「それぞれお家の事情があるから。夜になるまで家に帰ってきちゃいけないって子、洋が小学生の時も何人かいたわよね」

「どういう事？　え、自分の家なんでしょう？　なんで帰っちゃいけないの」

「ほら、母親だって……そのプライベートがあるから……」

民子は年甲斐もなく頬を赤らめる。

「母さんこそ、そのくらいの事で顔真っ赤にするなよ。大樹の母親には恋人がいるんです。それだけの事ですよ」

「な、何っ！　不倫！」

華子は驚く。渋沢栄一時代のアレコレを思えば、人様の事は言えないが、あの時代は男性の不義は多くても、女性の不義は少なかった。もしも千代が自分を裏切って、他の男の子を産んだとしたら自分は絶対に許さなかったであろう。前時代的な考え方であるという批判は大いに受け入れる。

「ちがう、ちがう、大樹くん家も、うちと同じでシングルマザーなのよ。今、3組に1組は離婚する時代だから……」

民子が慌ててフォローする。

この女の人、彼女？　と尋ねてきた大樹の無邪気な笑顔を華子は思い出した。子供の純粋さゆえの質問だと思っていたが、実は大樹は華子が思う以上に「彼女」とか「彼氏」というのがどういう存在なのかをよく理解しているのかもしれない。

「あのね、かばうわけじゃないけど……」

民子が口をはさむ。

「シングルマザーの生活って本当に苦しいのよ。うちは子供は洋1人だし、両親も隣駅に住んでるし、なんとかなってるけど、女手ひとつで仕事もパート程度しかなくて、困っているっていう人もすごく多いの。

そういう人にとってはさ、再婚できるかどうかってのは大きな問題なんだよね。自分が恋愛したいとかそういう事だけじゃなくて、経済の安定のために、子供のために再婚したいっていう人もとても多いから。……大樹君のママがどうかは分からないけど」

「結婚で一発逆転のう……」

優香もそんな事を言っていたっけ。華子は暗澹《あんたん》たる気持ちになった。

「もちろん帰宅を禁じられてる子は一部です。でも、家に帰っても誰もいない子供も多い。今はほとんどの家が共働きですから。それに、さっき公園にいた子供の中には母親の方が家出してしまって、父親と二人暮らしの子もいる。朝1人で父親の作った朝食を食べ、夜は9時すぎまで父親が帰ってこないような子もね。そういう子も、仲間を求めてあの公園に来るんです。

そういう子たちは、総じて学業も遅れています。そりゃそうですよね。このあたりは教育熱心な親が多いから、あのくらいの年だったら学習塾に通っている子がほとんどです。英語がしゃべれる子も、高等数学もできる子もたくさんいる。でも、あの子たちは……」

「確かに、小学校くらいまでの学力は親がどれほど手をかけてやったかで決まっちゃうのが現実なのよね。学校の宿題もね、親が丸つけして先生に提出するのよ。親が丸をつけてくれない子は宿題を忘れたことになっちゃうの。……そりゃ、やる気もそがれちゃうわよ。学校の先生も大変なのは分かるけど、そういう子の個別フォローはしてくれないし」

大樹は、やっと掛け算九九を覚えたと自慢げに話していた。「兄ちゃんのおかげで、俺、割り算もできるようになったよ」と。随分できの悪い子なんだなと思っていたが、教えてくれるものもなく、勉強する場所もなかったのなら致し方ないのかもしれない。栄一とて、もし親が尾高惇忠先生の元に通うことを許してくれなかったら、読書する場所がなかったら……想像するだに恐ろしい。

「……洋くんよ、おぬしは自分の穴をちゃんと持っているではないか」

思わず栄一の語りになって華子は言った。

「え？」

発言の内容に驚いたのか、華子の語り口に驚いたのか、洋は不思議そうな顔をする。

「あの公園のベンチはそなたの『蟹穴』じゃ。教育機会に恵まれない子供達（義務教育が設定されている国でそういう子供がいる事が本来であれば大問題だが）を救いたいというそなたの思いは慈善の精神じゃ。渋沢もまた慈善の精神にあふれる人間であった。違うか？」

「でも、渋沢さんは経済的に成功しているから。だから、そのお金を慈善事業につぎ込むことができたけれど、でも、僕は……」

「そんなの卵が先か鶏が先か、じゃよ。もしかしたら慈善につぎ込みたい思いがあるから、渋沢は金を稼げたのかもしれぬ。それに……」

「なんですか？」

「洋くんがしていること、事業になりそうな気がする。居場所のない子供達や教育機会を失っている子供達の居場所を作る……」

「確かに、放課後居場所事業ってありますよ」

洋の目がキラリと輝いた。

「学校が終わった後、行き場のない子供達が行ける場所を作ろうっていう。公立の小学校内とか、学童や児童館内なんかに遊べるスペースを作っているんです。ただ、学習指導とかまではしてくれないと思うけれど……」

「そうそう、そういう事。それってNPO法人か何かなの？　区にかけあえば予算ももっとおりるかも。それに、小学生の学習指導ならボランティアの中学生とか高校生とかでなんとかなるんじゃない？　きっと、洋くんがやりたい事を実現する方法が……」

「ちょっと中学生にヘンな事すすめないでよ！　そりゃ、他の子も心配だけど、まず洋は自分が学校に行かないと……」

「いやいや、変なことではない。今は未成年でも起業できる時代じゃ。藤井聡太とやらは14歳で将棋棋士になったのであろう？　成人ではなく、14歳だからできる事、有利だった事がきっとあったはずじゃ。きっと、洋どのにも14歳だからこそ、今の自分だからこそ、できる事があるはず……」

華子の話の途中から洋の目はキラキラと輝きだした。

「いろいろ調べてみます。あの、今日、本当にありがとうございました」

華子の胸にも充足感が広がっていた。令和の日本には色々とがっかりする事も多かったが、若い世代にこのような人材がいるであれば、希望が持てる。藤井聡太とかいう若者ともぜひ会って話してみたいものだ。おそらくは華子が将棋連盟を訪ねていってもA銀行を訪ねた時のような悲劇が起こるのであろうが。まったく、自分は渋沢栄一だぞ！　と声を高らかにいってやりたい。そうであれば、あちらの方から対談を申し込んでくるであろうに！

第四章

渋沢栄一、邁進する

横浜は渋沢栄一にとっても思い出深い街である。

開国当時、横浜港から多くの異人たちがこの街へやってきた。尊王攘夷運動に身を投じていた頃には、この街を焼き払い異人たちを無差別に切り殺そうという焼き討ち計画をたてた事もあるのは前にも述べた通りである。

あの時、そのような無謀をしなくて、本当に良かったと思う。

爽やかな海の風。かもめの鳴き声。この街にいると広い世界を感じる事ができる。この海の先にどんな世界が広がっているかを知らなかった頃の自分を思い出す事ができる。人が海を愛するのは案外そんな理由ではなかろうか？　飛行機という便利な移動手段ができ、船で海外に出かける事が少なくなった現代においても、この横浜は非常に人気のある観光スポットだと聞く。なかでも巨大な観覧車と、ランドマークタワーが目をひく「みなとみらい」は非常に人気があるそうだ。近くに中華街があるせいもあるのだろうが、中華系の人々に好まれる街であるらしい。そういえば、晴海や豊洲などの東京湾岸エリアの物件もかの人々に好評であった。彼らは海の近くの場所が好きなのだろうか？　小さな島国である日本とは違ってあれほど広大な領土を持つ国であるから、内地の人々にとっては海を見ることは珍しいのかもしれない。

現在の中国はいわゆるバブル状態で、富裕層は多額の金を持っており、日本に来ては不動産だの電化製品だのブランド品だのに多くの金を落としている。そういう中で横浜の海近くに大きなマンションを建設しようというのは自然な流れだ。加えて東急東横線で都心まで1本のアクセスの良さ。都内で働く人々のベッドタウンとしても期待ができる場所なのだから。


華子の次なる勤務先は、ここ、みなとみらいに建設される超大型タワーマンションのマンションギャラリーである。こちらのマンションはなんと50階建て。屋上からは高級ホテル群も含めた近隣の大部分のビルディングを見下ろすことができる。駅からも近く雨が降っても傘は不要、下層階にはスーパーなどの商業施設も入っており日常生活には困らない。景観と便利さとラグジュアリー感と。すべてを兼ね備えた超高級物件である。

そのような高級物件であるから、マンションギャラリーの規模も最大級である。同じマンションギャラリーという名目でも、規模はピンキリだ。雑居ビルの1フロア程度の場合もあるし、もっと小さい場合もある。駅前に専用のプレハブが建てられる場合も多いが、今回の物件はなんと3階建て。敷地面積も広く、中には3LDK程度のモデルルームが3部屋も用意されている。

この物件の受付スタッフ、ベビーシッターを全て華子たちの所属する派遣会社・ブリリアントが請け負う事になった。1日の稼働人数は20人を超える。ブリリアントにとっても滅多にない大案件である。

この案件の獲得は華子のお手柄であった。元々、M社は受付スタッフ12名のみをブリリアントに依頼する事を検討していたのである。だが、例の北参道の物件で小暮リーダーに「スタッフの選別」の提案を華子がした事で風向きが変わった。小暮の更に上のポジションである、菅原本部長が北参道の物件に視察に来たのである。菅原本部長はこのみなとみらいの物件のリーダーに内定していた。受付スタッフの下見に来ているのは明らかであった。

本部長が視察に来る当日は選りすぐりのスタッフを揃えた。既にみなとみらいの新物件の噂を聞きつけていた華子は、ここぞとばかりに菅原から話を聞きだしたのである。受付はブリリアントに、ベビーシッターは別の会社に……と考えていた菅原に華子は別の提案をした。「わが社にお任せいただければ、受付もシッターもどちらもこなせるスタッフを揃えている」「繁忙時に合わせて受付としてもシッターとしても勤務する事が可能。現場の状況に応じてフレキシブルに対応できる」と。中国語に堪能なスタッフがいる事ももちろん言い添えた。（例の体育系学生が中国からの留学生を何人か派遣バイトに誘ってくれたのである）菅原が華子に信頼を置くまでにそれほどの時間はかからなかった。

「華子、受付スタッフの枠を超えちゃってる。すごい営業力。きっと本社からマネージャー勤務の誘いがかかるわよ。どうする?」

優香はひどく感嘆する。なるほど、これが営業なのか。相手のニーズを見極め、こちらの商品を提案する。確かに自分には向いている仕事かもしれない。

ブリリアント本社は、もちろん、この華子の働きを高く評価した。M社は今後も大型物件を多く予定している大手不動産会社である。もしもM社のマンションギャラリーのスタッフを全てブリリアントが請け合う事になれば大躍進だ。そのためにもみなとみらいの物件での失敗は絶対にゆるされない。新規スタッフ募集の面接にも華子は立ち合い、各ポジションにふさわしい人物を厳選した。中でも重要なのは3階を担当するスタッフの選別である。

3階はVIP専用フロアであった。

タワーマンションの常であるが、上の階と下の階ではかなり値段が違う。今回の物件も下層階には単身者向けの1LDKの間取りや1ルームのスタジオも用意されており、販売価格は1億をくだる。部屋が狭いだけでなく、みなとみらいの最大の魅力である夜景が楽しめない事も値段に関係している。

従って、上の階へいくほど値段はあがっていく。間取りも広くなる。最上階である50階は全フロアを1世帯が占拠するペントハウスタイプになっており、10億近い価格が経済紙でも話題になっていた。このペントハウスは別格としても45階以上の高層階は間取りが広い部屋で占められ、もちろん、夜景もふんだんに楽しめる。となると数億円はくだらない。当然、誰もが簡単に購入できるものではない。こういった部屋を求めるVIP中のVIPを対応するのが、こちらの3階フロアのスタッフであった。

VIPたちは一般の方と同じエントランスは通らない。営業マンが駐車場へお迎えにあがり、マンションギャラリーの裏側に位置にするVIP専用の入口から、エレベーターで3階へとご案内する。（一般の方々はエスカレーターを使用する）3階には専用のチェックインカウンター。いってみればホテルのクラブフロアのようなものだ。担当の営業マンが番号を告げるだけで、お客様は、限られたスタッフしか入ることのできない接客ルームへ案内される。そしてアルコールも含めたドリンクメニューからお好きなお飲み物をお選びいただきバカラのグラスやウェッジウッドの茶器で提供（一般のお客様にはペットボトルだ）。そののち、VIP専用の特別なモデルルームへと案内される。

これほどまでに美しく豪奢なモデルルームを華子は見た事がなかった。当代きっての人気インテリアデザイナーによるシンプルでいて重厚感のある内装、華子の部屋ほどはありそうなダイニングテーブルの上にはバカラのグラスに本物のドンペリが置かれている。うっかりしたスタッフが掃除の際に壊してしまったら……と思うだけで、ぞっとする。

華子はこのフロアを、自身を含めた5人の超精鋭スタッフで回すことにした。ブリリアントに交渉して、このフロアの担当者には時給1500円を支払う事で、優れた人材を確保したのである。受付スタッフとしての力量、ルックス。年齢は華子以外は30代とした。これほどまでに価値のある物件を担当するのに、あまり若すぎるスタッフを置くのもお客様の不信につながると考えたためである。（そしてこの判断は菅原本部長をはじめとするM社のスタッフに大変好評であった）

身分の高い人間との付き合い方は慣れている。（なにせ渋沢は一ッ橋家に奉公した事もある身なのだから！）相手の事をよく知り、何を必要とされているか常に観察しつつ、だが、決して出しゃばらないこと。簡単な事ではないが、この華子を見本にして他のスタッフには更に学んでいただくしかない。

芸能人、スポーツ選手など、多くの人に顔を知られた有名人も多数訪れる。その場合はけして相手のお顔を見ることなく、普通の方であるように接客する必要がある。ミーハー丸出しでじっと見つめたり、態度を変える事は論外である。真に一流であるならばそのような対応を好む。そしてこの物件を購入できるような方はそのような一流のみである。

もっと大切なのは顔は知られていないが、大変な経済力を持つ政財界の大物たちの対応である。彼らの多くは逆に特別扱いを好む。自尊心と虚栄心が強く、他者に認められたくてたまらないのだ。聞いてもいないのに自分の経営する会社や店の事などをスタッフに話してきて「知っているか?」などと自慢してくる。その時にスタッフがポカンとしているようでは話にならない。機嫌を損ねられてしまう。

華子は本部長から来場するVIPの情報を内々で頂戴し、そのVIPたちに関する情報をまとめ、5人のスタッフで事前に共有する事にした。書面にすると漏れる可能性があるため、専用のアプリを使って情報を共有し、来場後はすぐに破棄。勤務と並行してこのような資料をまとめるのは大変な仕事ではあったが、今の政財界を牛耳っているのがどのような方々なのかを学べる良い機会でもあった。

アメリカのタカオ先生に、このような仕事の現状を報告すると、次のような返信があった。

「**与えられた仕事にその時の全生命をかけて真面目にやり得ぬ者は、いわゆる功名利達の運を開くことはできない**」

渋沢栄一の著書『論語と算盤』の中の一節である。自分の言葉に励まされるのもどうかと思うが、派遣スタッフとして頑張ってみようと思った華子の考えは正しかったのだ、と改めて認識する。派遣の仕事は誰にでもできると軽んじられる事が多い。だが、極めればこのように大きな学びに繋がる。その学びを何に生かし、何をするかはこれからの自分次第ではあるが。

華子を総リーダーとするブリリアント受付チームは、毎日の100人近い来客を大きなミスなくこなしていった。一般のお客様もVIPも。華子にとっても初めて「受付という仕事の面白さ」を感じられる物件である事は間違いなかった。

「華子、正社員に誘われるわよ。ほら、本社のキャスティングに児島さんっているでしょう？　あの人も元々は派遣だったんだって。そういう社員、他にもいるらしいよ」

優香は得意げに予言した。そして、その通り、マンションギャラリーの休業日に華子はブリリアント本社に呼び出されたのである。

優香の言っていた児島という社員が元々現場で受付として働いていた事は華子も知っていた。ちょっと気が利く比較的綺麗な女の子ではあるが、それ以上でもそれ以下でもないというのが華子の児島評である。30代の女性を「女の子」と呼ぶのは失礼なのかもしれないが、令和の女性の中にはよく言えば「若々しい」。悪く言えば「子供っぽい」「精神年齢が低い」女性が多く見受けられるような気がしてならない。優香などもそうだが、悪い人間ではないし、一緒にいて楽しいには楽しいのだが、どうも女学生と変わらぬような話題と経験値というか。例えば渋沢栄一は新婚時代、多忙で家に帰ることも叶わず妻・千代に家を任せっきりであったが、そんな事は児島や優香には絶対に頼めない。話はそれたが、そんな児島がなぜ多くの派遣スタッフの中から正社員に抜擢されたのか？　彼女の何が他のスタッフと違ったのか？

ブリリアント本社を訪れた日は晴天であった。渋谷にあるガラス張りの高層ビル。その最上階ではないが、比較的上の方に間借りしているブリリアント本社の事務所は、窓から差し込む光で室温が高くなってしまうため、すべての窓にブラインドを降ろしていた。「風景が見られないなら、高層ビルにオフィスを間借りする意味などあるまいに。そもそも派遣のキャスティング業務をするのに、渋谷の一等地のオフィスを借りる必要があるのだろうか？　ここの家賃はいくらくらいなのだろう？」そんな事ばかり考えていると、目の前に座ったブリリアント取締役の吉永という中年女性から、当然のように「社員登用」の話が出た。

「一栄さんには頑張ってもらっているでしょう？　現場全体の視察、そして徐々にキャスティングの仕事も覚えてもらって、わが社で正社員として働いてもらえないかと……」

吉永はニコニコと人の良さそうな笑みを浮かべている。とても嫌な気持ちがした。人に正社員になれというなら、その条件……給与であるとか、休日であるとか、福利厚生であるとか、そういうものをまず説明すべきである。だが吉永は「正社員」というパワーワードさえ出せば、それで華子が大喜びで尻尾を振って飛びつくと思っているかのようだ。あるいはそこまで考えていないのか？　なんとなくだが、華子には後者のように思えてならないのである。吉永は40代後半だと推測されるが、彼女もまた華子にとっては「女の子」に過ぎない。

だが、そんな事に目くじらをたててケンカをするつもりはない。社員に誘われるのは想定内の出来事である。

「大変に有難いお誘いをありがとうございます。ですが、私は正社員雇用にはあまり興味がないのです」

「えっ？」

目の前の吉永が見た事のないような顔をする。これも想定内である。華子は気にせずに続ける。

「ですが吉永さんのおっしゃる通り、現場全体を視察し、キャストの質を管理するポジションは必要かと思います。現在、ブリリアントのキャスティングを担当している社員の方は、キャスティング業務が忙しすぎて現場まで手が回っていない。もっと言わせていただくなら、現場経験のないキャスティングスタッフもいて、現場で何が求められているのか把握できていない事も多くあるかと思われます。そのためにも、この一栄のように現場を知り、なおかつ人の適性をはかれるスタッフを社員として雇用する事はクライアントの期待に応えるためにも必要な事です」

「でしょ？　だから私達としてはぜひ一栄さんにそのポジションに……」

「戸山民子さんはどうでしょう？」

華子は単刀直入に切り出す。

これは前々から考えていた事であった。

この数か月一緒に働いてみて分かった事だが、民子の能力は他のスタッフと比べて群を抜いている。とにかく現場での対応能力が高い。今、必要とされている事を判断し、対応策を考えるのが群を抜いて早いのだ。年の功という事もあるだろうし(民子は今年45歳である)、望まずしてシングルマザーになった後、数々のアルバイトやパートを経験した事が大きいのではないか、と華子は考えている。渋沢栄一は意図して多くの人と話すようにしていたが、彼女もまた生活の必要からそうせざるを得なかったのだろう。高学歴のキャリア女性から、パート主婦、そして学生バイトに至るまで。だから、彼女はあらゆる立場の人々の思いやニーズをすぐに理解することができ、気遣いが大事な接客業には非常に向いていると言える。それにプラスして持ち前の勤勉さと上昇志向。(保育士の勉強とプラスして、英語の勉強も再開したらしい。もともと学生時代に英検は準2級まで取っているとかいう事で、ちょっと勉強すれば日常会話くらいはなんとかなるレベルなのである)偉ぶらず面倒見もいいので、若いスタッフからも好かれている。

そして、何よりも民子は安定した仕事を求めている。もし民子を雇用してくれるなら、弁当屋のバイトをしなくてもいいくらいの条件はこの一栄華子が整えるつもりだ。週に1日でも2日でもいい。民子には休息が必要だと思う。洋だってあっという間に大人になってしまう。本当に民子を必要とするのはあと僅かの時間だ。民子に自分の時間……自分の人生を楽しみ、母としてだけではなく「戸山民子」として生きる時間をもってほしいと華子は心から願っていた。

だが、吉永の表情はみるみる曇りだした。

「一栄さん……。確かにブリリアントはあなたに正社員になって欲しいとは思っている。でも、それは人事に口を出していいっていう事ではないのよ」

「口を出しているのではありません。意見を申し上げているのです。戸山さんなら私以上にとは言えないまでも、私と同等の仕事はできるはずです」

「それを判断するのは我々、経営陣です」

吉永は急に強い口調になった。顎をあげ、胸を張り、上から華子を見下そうとする。小さな人間が威厳を見せようとする時によくとるポーズである。

「こちらに雇用条件が書かれています。もしも正社員になりたいなら、3日以内に連絡をください。そうでなければ、この話はなかった事に。……一栄さん、あなたもうすぐ30だったわよね？　失礼だけどもう若くない。それに独身だったわよね。もう少し自分の人生についてちゃんと考えた方がいいんじゃないかな。これは同じ女性として、先輩としてのアドバイスよ」

なぜだろう。すごくイラっとする口の利き方だった。渋沢栄一時代にこんな事を言われても「へえ、そうかのう。30の女というのはそんなもんかのう」程度で済むのかもしれないが、すごくイライラする。一栄華子という女性に転生してから、時々、そういう不思議なイラダチを感じる事があった。特に月のものが来る前には。そして、運の悪い事に、この日は月のものが来る前日であった。

「それを言うなら、吉永さん、あなたは確か40代後半ではなかったか？　失礼だが、もうお若くはない。そして確か独身だったはず。もう少し自分の人生についてちゃんと考えた方が良いのは、あなたの方では？　会社の取締役という事で安心していらっしゃるようだが、こんなちっぽけなブラック会社、不況のひとつで吹っ飛びますぞ」

顔を真っ赤にしている吉永を前に、華子は椅子から立ち上がると丁寧に一礼して、オフィスを去った。ガンガンに冷房を入れているであろうに、オフィス内は蒸し暑い。だから、こんなガラス張りの高層ビルにオフィスを入れる必要はないって言ってるのに！

＊　＊　＊

「そりゃ、絶対に言っちゃいけない事だよ。吉永さん、ブリリアントの社長の10年来の愛人なんだから」

翌日、みなとみらいで待ち合せて駅前のパン屋でモーニングを食べている時に、優香が衝撃の情報を漏らした。

「え！　そうなの？　でも、ブリリアントの副社長って確か社長の奥さんじゃなかった？」

「……その奥さんだって、元々は現場で受付していた人だって話だし」

「なんじゃそりゃ！　じゃあ、ブリリアントの社員って……」

「社長が現場で気に入って声かけた女の子たち、ってこと」

なんという事か！　江戸時代の大奥ではあるまいし。そんな適当なやり方でよく経営が成り立つものだ。

「でも、まあ、あれか、ある意味、家族経営っていうか……」

「そんなのどかな物じゃないと思うけど」

「どういう事？」

「ブリリアントってそんな歴史の長い会社じゃない。まだせいぜい10年程度。社長の津田沼さんってのは、前は芸能事務所もどきみたいな事をしていた人で、いろんな会社作っては潰して、作っては潰して、食いつないできた人なのよ。だから、ブリリアントだって何かあれば、すぐに潰す。でもって、次に何か始める時に吉永さんや、今の社員を連れていくかどうかは、ねぇ？」

「！」

「吉永さん、40過ぎでしょ？　案外、華子ちゃんが断ってくれてほっとしてるんじゃない？　華子ちゃんみたいに優秀な20代の子に社員になられちゃったら自分の立場ないだろうから」

だとしたら自分が吉永に言ってしまった事は図星なのだ。我ながらなんて思いやりのない事を言ってしまったのだろう。月のものの前後のストレスとはいえ

（ＰＭＳと呼ばれるものらしい）自分で自分が許しがたい。

「でも、吉永さんはブリリアントに入る前は何をしていた人なの？」

「あの人10代の時にアイドルやっていたのよ。グラビアアイドル。その後、イベントコンパニオンしていた時に、現場で出会った社長にアピールして付き合いだして……」

はあ？

「……よく分からないけど、アイドルやっていた事って派遣会社のキャスティング業務に何かプラスになる？」

「うーん、キャスティングはともかく、営業には役に立つんじゃない？　ほら。発注してくれるクライアントは男がほとんどだから、接待とかさ。児島さんは、どっか田舎のミスコン出身だし。別に社長が好みの女の子を集めて、ハーレム作ってるってわけじゃないのよ。そこはビジネスとして。男の人は元芸能人とかありがたがるから」

「だが、一栄華子は元芸能人ではないぞ！」

「そうそう。だから、すっごい珍しい事だったんだよ。華子は能力を認められたのよ。もしかしたらブリリアントで出世できたかも。大チャンスだったのに」

「大チャンス、ねえ」

あの後、帰宅して「雇用契約書」を確認したが、ブリリアント正社員の給料はフルタイムで派遣受付をするのに毛が生えた程度の金額であった。もちろん社会保険もあるし、有給休暇もあるし、金額以上のメリットはあるのだろうが。だが、「キャスティング業務は残業も多く、終電で帰れない日も多い」と社員が愚痴るのを聞いたことがある。そういった事も考えて時給計算したら、我々「ハケン」と大して変わらない金額でこき使われているのではないか？　それにプラスして接待だなんだと「時給の発生しない仕事の場」にまで呼び出されるのであればたまったものではない。

本当にこれは「大チャンス」なのか？　やりがいのある仕事なのか？

「安定した仕事に就きたい」という民子の言葉を鵜呑みにして、正社員に推薦してしまったが、民子のように優秀な人材はもっと良い条件、環境で働くべきだ。かえって、あちらが断ってくれて良かったのかもしれない。

だが、「優秀」だからと言って、いい条件で働けるものなのだろうか？

吉永が民子の雇用に渋い顔をした原因は「年齢」である事は分かっている。実際、現場で「あのおばさんも受付なの?」という心無い声を聞いたことは何度かある。(だが、民子の優秀さゆえに、1週間もしないうちに「ベテランさんはいいねぇ」と評価は変わるのだが)日本人の年齢信仰、若さ信仰はどうも度を越している。クライアントの男性たちは致し方ないとして、「戸山さんって受付っぽくないよねぇ」と意地悪く揶揄する20代の女の子たちは、自分たちもまたいずれは40代になるという事は考えないのであろうか? 民子が冷遇される現在は、自分たちの十数年後の未来である。それまでに結婚して「一発逆転」を狙うのか? だが、逆転できなかったら? 民子のように離婚する事になったら?

「ま、今回、華子が大きな仕事とってきたから、安泰だと思ってるかもしれないけど、M社がずーっとブリリアントに発注続けるなんて思ってたら大間違いだからね。実際、この後始まる有明の物件からはうちは外されるんじゃないかって噂も聞いたし……」

カフェラテ片手に意気揚々と語る優香は、瞳も肌もキラキラと輝いている。おかしい。

優香がキラキラ輝いているのがおかしいのではない。彼女がこんなにも色々な情報を持っている事がおかしい。今日、仕事の前にモーニングを食べようと誘ってきたのは優香の方であった。ブリリアントから正社員に誘われた話を聞きたいのだろうと思っていたが、朝が弱い優香の方からわざわざ誘ってきたのも奇妙な話だ。それに有明の物件からうちが外されるとはどういう事だ？　ぬかりなく営業をかけているはずなのに……。

「この物件の一番上のペントハウス、弥田真凛が購入を検討しているんでしょう？　弥田さんの会社も不動産の受付派遣を始めたのよ。だから……」

弥田真凛という名を聞いて、華子は青ざめた。

「ちょっと待った！」

弥田真凛はペントハウス購入を検討しているＶＩＰ客である。だが、他のＶＩＰ客同様、スタッフには情報が漏れないように厳重管理している。華子も弥田真凛についてＶＩＰフロア以外のスタッフに話したことはない。たとえそれが優香や民子であっても、だ。

「ど、どうして……弥田さんが来場している事を優香が知っているの？」

声を潜めて華子は尋ねる。誰かに立ち聞きでもされたら大変だ。

「あーあ、ごめん……まだ、華子には話してなかったんだけど……私、営業の佐藤さんとお付き合いしていて。……それで、飲みに行った時に、ね。あ、でも、SNSにあげたりはしないから大丈夫だよ。でね、佐藤さんなんだけどね……」

なるほど、優香が華子をモーニングに誘った理由はこれか。佐藤は30代前半ながらトップの売り上げを誇るM社の期待の営業マン。人当たりもよく、なかなかの好青年ではあるが、どこか「チャラい」印象を受けていた。優香の幸せに水を差すつもりはないが、「チャラい」どころか、ここまで軽率であるとは……。

弥田真凛は今を時めく有名女性経営者である。

大学在学中にひとまわり年上の有名経営者と結婚した彼女は長年専業主婦として子育てに専念してきた。一人息子は名門私立小学校からストレートで東大に進学したそうだ。だが、交通事故で九死に一生を得たのをきっかけに「もっと自分らしく生きてみたい」と起業を決意。夫の助けを借りて、最初はセレブ主婦が道楽でやるようなアパレルや化粧品の開発などをしていたが、女性専門の人材派遣の仕事を始めた事で、この1年くらいの間に大きく業績を伸ばしている。そのようなキャリアに加えて、モデル並の美貌の持ち主という事もあって、「女性の憧れ」としてマスコミにも引っ張りだこ。著書である『だから私が選ばれる　～特別な女性になるために～』は大ベストセラーになった。多くの女性にとって、彼女は「まだ誰も気が付いていない私の良さを引き出してくれるプロデューサー」的なイメージなのではないだろうか？　彼女の派遣会社には仕事の経験のない、または出産育児でキャリアを中断せざるを得なかった多くの「元専業主婦」が所属し、華々しいステージで活躍している、とされている。

弥田真凛はマスコミのイメージ通りの華やかで美しい女社長であったが、同時に非常に神経質な客である。駐車場からエレベーターまでのわずかな時間でも、人目に触れる事を極端に嫌がり、受付がお茶を出すために接客ルームに入った際には、営業の話を止めるほどであった。そしていかなる時もベージュや白、パステル系の淡い色のスーツを着ているのも特徴だ。確かに彼女に似合う色ではあるが、これらの色のスーツは汚れやすく、周囲の人間に気を遣わせる。（特に受付スタッフがお茶や筆記具を出す際は）彼女がこういった色を好むのは「私に気を遣いなさい」という主張だと華子は受け取っている。だから、VIPのお客様の中でもとりわけ気を遣って接客するように他のスタッフにも申し付けていた。

マンション販売というのはお客様のプライベートに深く関わる仕事である。マンションには価格がある。どの程度の値段のものを買ったのかという事で、その人の年収や資産も想定されてしまう。だから、「芸能人の○○さんが、バイト先のマンションギャラリーに来場したよ」というような情報は絶対に外部に漏れてはならない。ブリリアントでもスタッフ採用の時に「業務で知り得た情報はSNSなどで外部に漏らさない」と誓約書を書かせており、損害賠償が起こった際はスタッフ個人に請求できるようになっている。過去に別の派遣会社のスタッフが、同性と物件を内見に来た著名男性アスリートの事をSNSにあげてしまい大炎上して以来、どの会社も著名人の接客には非常に神経質になっているのだ。

その中でも弥田真凛のように特に神経質な顧客の情報はもっともデリケートに扱われなければならないものなのに……。真凛はこのマンション最上階の最高級物件、10億ともウワサされるペントハウスの購入を検討している。VIPの中の

VIP、最重要人物なのだ。いくら女を口説くためとはいえ、そのような客の情報を軽率に外部に漏らすとは……。華子は営業・佐藤のチャラさにいらだつ。

初めて真凛がこのギャラリーに来訪した時、華子は好奇心からうかつにも真凛の顔を見てしまった。その時、真凛と目が合った。それは「優雅な美貌の女社長の目」ではなく獣の目だった。あれほど獰猛で力強い眼差しの女性を見るのは初めてだ。と同時に、どこかであんな目をした男に会った事があるような気がする。ほんの数秒で、これほどまでに鮮烈な印象を弥田真凛は華子に残していたのである。

本日の午後、弥田真凛は三度目の来訪を予定している。繰り返し来訪するのは、ペントハウスの購入を前向きに検討しているという事だ。勝負の時である。そんな大事な日に、小さなイライラと月のものが重なっている事に、華子は一抹の不安を覚えていた。

13時に予約を入れていた弥田真凛の車は12時45分に駐車場へと到着した。あえて遅刻する事で、自分の多忙さ、社会的立場の高さをアピールするVIPもいるが、真凜は逆である。必ず15分前に来訪する。そして、それに対応できる現場かどうかを確認しているのだ。だから、華子は30分前から駐車場で真凜の来訪を待っていた。きっかり15分前に真凜の車が到着すると「本日は陽射しがお強いですので」と日傘を真凜に差し出す。日傘というには大きすぎる黒い傘。これはもちろん陽射しからではなく、人目から真凜を守るためのものだ。

そのままエレベーターへと案内し、既にエレベーターを待機させていた別のVIPスタッフに3階フロアへの案内をお願いする。そしてエレベーターが移動する間に華子は階段で3階まで駆け上り、真凜のエレベーター到着をお迎えする……これが華子の予定していた流れであった。

だがこの日はそうはいかなかった。

非常階段を駆け上ろうとした時に、階段で電子タバコを吸っているスタッフを発見してしまったのである。

受付スタッフはタバコ厳禁である。来場されるお客様の中には妊婦もいる。それ以外でもタバコの匂いを気にするお客様は非常に多い。(どうやら令和は嫌煙

の時代であるようである）

このマンションギャラリーはエスカレーターがあるため、階段を使用するスタッフは非常に少ない。そのため、ここで吸っていればバレないと思っていたのだろう。突然に飛び込んできた華子の姿を見て、スタッフは慌てふためいている。華子は彼女の意識の低さ、そして愚かさに大いに失望した。

「今は接客中ですので、あとでお話しましょう。明日以降の勤務は難しくなるかもしれないので、そのつもりでいてください」

いささか感情的な口調だったかもしれない。彼女を叱責していた時間の分、3階につくのが遅れてしまった。もう、弥田真凜のお迎えは間に合わない。だが、VIPフロアのスタッフは精鋭揃いである。華子は走るのをやめて、ゆっくりと階段を登っていた。バタバタと慌ただしくお客様を迎えるのも、余裕がなくてまた見苦しいものである。

だが3階についた華子が見たのは、さらにイラダチを増す光景であった。

とっくに接客用の個室に案内されているはずの真凜が、営業の佐藤と共に廊下で立ち往生している。その真凜の前に目を輝かせて立っているのは、なんとブリリアントの受付スタッフ。彼女は……勤務5回目の女子大生スタッフ。そう、太田という名のはずだ。エントランス担当の新人である太田がＶＩＰフロアに足を踏み入れるなんて絶対にあってはならないこと。一体、なぜ？　だが、華子はすぐに状況を理解した。

「私、私、弥田さんの大ファンなんです。講演会にも伺った事があって……」

太田は興奮で顔を真っ赤にし、上ずった声で話している。そして、彼女の手には弥田真凛の大ベストセラー『だから私が選ばれる　～特別な女性になるためにー』とマジックペンが握られていた。

なるほど。太田はなぜか真凛が今日、このマンションギャラリーにやってくるのを知ったのだろう。（もしかしたら佐藤が漏らしたのかもしれないし、佐藤との恋愛に浮かれている優香が漏らしたのかもしれない。もう、今や誰も信用できない！）そして、本人が口にしている通り、真凛の大ファンである太田は、待ち伏せし、著書にサインをねだっているのだ。

ブリリアントで太田を面接した時の事を、華子は覚えている。野心家で上昇志向の強い子だと感じた。実際、彼女自身はけして有名ではない大学の学生だが、東大生が多く講師としてバイトする塾で事務として働き、結果、東大生との交際にこぎつけたという事だ。その塾をやめて、派遣のアルバイトを始めたのも、就職活動に向けて『様々な業界の情報』を集めたいからだと言っていた。太田はM社への就職を希望している。だが、だからといってブリリアントの仕事の手を抜くことはなく、微笑みを絶やさず、誰とでもコミュニケーションを取りながら、自然にM社の人間と距離を縮めていた。華子は、そんな太田の上昇志向を評価する。多くの人との出会いは大切であるし、偉大な人との出会いが人間を大きく成長させると知っているからである。今回、真凜を待ち伏せた事だって、もしもこれがマンションギャラリー内の事でなければ、その行動力を華子は讃えた事であろう。

だが！ ここでだけは、今日だけは、そして、弥田真凜相手にはやめてほしかった！ 脇から冷や汗が流れ落ちていくのを華子は生々しく感じていた。

だが、意外にも真凜は営業用の優雅な微笑みを浮かべ、太田の本にさらさらとサインを入れた。

「夢みたいです。弥田さんは私の理想の女性です。弥田さんみたいになりたいって、ずっと思っていて。……まさか、こんな所でサインを頂けるなんて……」

「あなたのような未来ある若いお嬢さんに本を読んで頂けて、こちらこそ、嬉しいわ。私のメッセージが世代を超えて届いている事に感動しました」

「そんな！　私、本当に嬉しいです！　感激しています。あの良かったら、お名刺を頂いても……」

もはや華子は卒倒寸前。だが、真凛は表情ひとつ変えず、名刺を太田に差し出した。太田は完璧なマナーでその名刺を受け取る。とても女子大生とは思えない所作。やはりこの子は見所がある。自分から行動を起こせる者の未来は必ず拓ける。だが、今日だけは、弥田真凛にだけは……あぁ、この後のことを思うとぞっとする！

「お忙しい時に、大事なスタッフさんをお借りしてしまって失礼しました。太田さん、そろそろお仕事に戻った方がいいわね。あなたはこの現場に必要とされている人なのだから」

真凛は笑みを浮かべたまま、ＶＩＰ担当のスタッフの方に太田を促した。

「はい！　今日の事、絶対に忘れません。本当にありがとうございました」

スタッフに連れられて、太田は階下へと降りて行く。

太田の姿が消えると、真凜の表情は一気に変わった。先ほどまでの優雅さはどこへやら。憮然とした怒りの表情だ。

「弥田さま、本当に申し訳ありませんでした」

営業の佐藤が頭をさげる。

「申し訳ありませんでした」

華子ともう1人のVIPフロア担当スタッフも頭を下げた。

真凜はゆっくりと華子の前に近づいてきた。

「こちらのギャラリーの派遣スタッフはブリリアントに依頼しているんでしたっけ？　ブリリアントでは、研修も終わってないようなスタッフを現場に出すの、一栄さん？」

ドキリとした。

「大変に申し訳ありません。すべて、私の責任です」

再び頭をさげながら、華子は真凜の慧眼に恐れ入っていた。もう1人の担当スタッフは華子より年上である。元CAというだけあって落ち着いた雰囲気と美貌の持ち主であり、知らない人が見れば、彼女の方が華子よりも経験のあるスタッフに見えるであろう。

真凜がこのモデルルームを訪れたのはわずかに3回。華子が接客した時間は1時間にも満たない。その短い間に、華子がこの物件のリーダーであると見抜いた事。そして「一栄」という名前を把握していたこと。さすがである。

「**しかし、悪人必ずしも悪に終わるものではなく、善人必ずしも善を遂げるものとは限らぬから……**」

真凜は悪戯っぽい笑みを浮かべると、そのように話し出した。

『論語と算盤』の一節！

佐藤はきょとんとしている。（『論語と算盤』を読んだ事がないのだろう）。元CAのスタッフも顔にこそ出さないまでも、ちんぷんかんぷんといった風情だ。（やはり読んだ事がないのだろう。腹立たしい事だが）真凜は華子だけを見つめていた。強い意志と情熱を感じさせる獣の眼差しで。やはりこの目は以前に見たことがある。それも遠い昔に。誰だっけ？

「**悪人を悪人として憎まず、できるものならその人を善に導いてやりたいと考え、**

最初より悪人たることを知りつつ、世話してやる事である」

華子は真凛の言葉をつづけた。真凛は満足そうに微笑んだ。

「でも、できれば、現場に出す前に世話は終えておいてほしいものだわ。いい加減な派遣スタッフが1人いると、すべての派遣スタッフ、そして、派遣会社が低く見られてしまうから。ご存じないだろうけれど、私も派遣会社を経営しているものだから」

「ご活躍はよく存じあげております」

「なるほど。あなたならそうでしょうね。じゃあ、お願いした事よろしく、一栄さん」

それだけ言い終えると、真凛は佐藤と共に個室へと消えていき、華子の前で重い扉が静かに閉じられた。

女子大生スタッフ・太田が弥田真凛を「突撃」した事件は本来なら大問題である。クライアントであるM社のトップからブリリアント本社に連絡がいき、太田だけではなく現場リーダーの華子、そして、ブリリアント本社も責任が問われる事態となってもおかしくない。

だが、そうならなかったのは、その日、弥田真凛が例の10億円のペントハウスを購入したからである。

「いやー、これで弥田さんにキャンセルされたら、どうしようかと思ったよ。でもさ、無事に申し込みもしてもらった事だし、太田さんの事は上には伏せておこうよ。太田さんも悪気があったわけじゃないし、ブリリアントさんには次から気を付けてもらうという事で。ね、」

弥田真凛を見送った後、営業の佐藤は満面の笑みで華子に言ってきた
「ですが私共は何を気を付けたらいいのでしょう？　ＶＩＰフロアの顧客情報が漏れないように、私共は厳重の注意をしております。弥田真凛様がこちらにいらしているという情報も、今日、ここに来ているという情報も漏れるはずがないのですが……」

華子は、まっすぐに佐藤を見つめた。佐藤の目が泳ぐ。

「え？　え？　そんなの分からないじゃん。一栄さんじゃないＶＩＰフロアのスタッフがうっかり話しちゃったのかも。休憩か何かの時に……」

「失礼ながら、この一栄はそういった信頼のない人間をVIPフロアにはおいておりません」

華子が強い口調で断言し、こう続けた。

「やはり、今回の出来事、御社の菅原本部長にご報告させてください」

佐藤はうろたえる。

「で、でも、そんな事したら、ブリリアントさんがこの物件から外されてしまうかも。一栄さんも責任を問われることに……」

「ですが、ご報告せずに、同じような事が起こる方が心配です。誰が情報を漏らしたのかを特定し、再発を防ぐ必要があります。ご報告の上、私共の方でもスタッフの聞き込み調査を……」

「ごめんなさい！　ごめん！　僕が話しちゃったんだ。軽い気持ちで。お願い！　お願い、絶対本部長には言わないで……」

佐藤は突然、態度を変えると土下座せんばかりの勢いで華子に頭を下げた。本当に「チャラい」。華子は呆れた気持ちで佐藤を見下ろす。だが「**悪人を悪人として憎まず、できるものならその人を善に導いてやりたいと考え、最初より悪人た**

ることを知りつつ、世話してやる事である」。弥田真凜もそう示唆していたではないか。渋沢栄一の魂を持つものとして、二度と佐藤が情報を漏らさないように「世話」してやる必要があるだろう。

「……佐藤さん、実はスタッフからその事は聞いていました。お恥ずかしながら、私共の中には太田のように未熟なスタッフも、ミーハーなスタッフもおります。ご迷惑をおかけして申し訳ないのですが、VIPフロアの情報漏洩がないようにご協力をいただければ幸いです」

「もちろん、もちろんだよ。僕だって誰にでも話しているわけじゃない。だけど、太田ちゃんは、特別だから……」

太田ちゃん？　特別？

「あの、これ、一栄さんだから言うけど……俺、実は太田ちゃんと付き合ってるのよ。いや、彼女、不動産関係の就職に興味があるみたいで、相談に乗っているうちに……ね。でも、これ、皆には内緒にしてね。彼女が働きづらくなっちゃったら可哀想だし……」

華子は大きくため息をつく。そりゃ、働きづらくなるでしょうよ。この男、自分に気のありそうなスタッフには片っ端から声をかけていたのか！　そして本命は若い太田なのだ。ああ、可哀想な優香……。

「分かりました。今回の事は本部長にはご報告しません。そのかわり、１つだけ、条件があります」

「何？　何？　あ、お食事でもいく？　この近所においしいイタリアンあるんだけど、良かったら……」

「今すぐ室井優香に連絡して、『交際している女がいるので、もう二度とと２人では会えない』と、断言なさい！　佐藤さん、恋愛は自由ですが、同じ職場で複数の女性を口説くのはやめて頂けますか？　いいえ、私は倫理の話をしているのではないのです。妻がいても、他の女性を求める。私はそういったおおらかな愛を否定はいたしません。男とはそういう生き物です！（渋沢栄一としてはそう言うしかあるまい）ですが、同じ場所はダメ。知り合い同士もダメ。複数の女を愛するなら、それぞれ離れた場所にいる者を選びなさい。遠洋漁業で一本釣り、これは達人の恋愛の基本ですぞ！」

どの口が偉そうにそんな事を……と思いつつ、華子は佐藤に説教した。説教しながら、今夜、優香は荒れるだろうな、そのおいしいイタリアンとやらには優香と一緒にいって、領収書を佐藤に回すことにしよう、などと考えていた。そういえば明日は火曜日、マンションギャラリーの定休日である。優香の失恋を受け止める時間は十分にありそうだ。

*　*　*

イタリアン、バー、最後はチェーンの居酒屋。優香は大いに飲み、大いに荒れた。

「だって、信じられない、前日まで、あんなに好きだって言ってくれてたのに」

「他に交際している女がいるってどういう事？　同時に口説いてたって事？」

「乗り換えようと思って口説いていたのかな？　だけど、私じゃ物足りないって事？　結局、私は捨てられたんだよね」

選ばれなかった女が、どのような気持ちになるのか、今では華子にも分かるような気がする。彼女たちにとって、「恋愛」は「結婚」に繋がる切実なものであり、いつ、どのような男性に真剣に求愛されるかは、若き日の栄一にとっての「尊王攘夷運動」なみに大切な事なのである。

だが、同時に違和感もあった。なぜ、彼女たちは「選ばれる」事に拘るのか。男から選ばれるのを待つのではなく、自分で選べば良いではないか。

「二股かける男なんて、早くに見切りをつけた方がいいじゃない。暴落していく株にいつまでも縋《すが》っても仕方ない。さっさと見切りをつけて次を探した方が……」

「私は株の話をしてるんじゃない！　恋愛の話をしているのよ」

失恋した女にそのような冷静な話は通用しないのである。ただ、飲むしかない。

もちろん、華子にはやるべき仕事は多くある。VIP客の資料のまとめと共有。そして、例の電子タバコを吸っていたスタッフの対処。あと、佐藤の本命である太田をどこのギャラリーに異動させるか……。（さすがに優香と同じ職場で働かせ続ける訳にはいくまい）華子はちらりと時計を見た。23時。大丈夫。仮に飲み明かしたとしても、そのくらいの仕事を終える時間は十分にある。

翌日、あんな事が起こると分かっていたら、この夜、華子は深酒しなかったであろう。

If Eiichi Shibusawa were reincarnated,
he would be a temporary office lady of 27.

第五章　渋沢栄一、再会する

手入れの行き届いた大きな庭を見渡せる広々とした客間。客人用のソファは白い革張りで、月のものの時には座るのが憚られそうなほどだ。5人ほどはかけられそうなソファの真ん中には華子。対面のソファにいるのは弥田真凛その人である。

「来ていただけて嬉しいわ。一栄華子さん。今日はお休みだったでしょうに」

火曜日の13時。そう、今日は休日のはずだったのだ。それが、まさか、弥田真凛が代表を務めるフォーダイヤモンズ社に招かれ、貴賓室で真凛と2人きり対峙する事になるとは！

「あそこまでしていただいたら、参らないわけにはいかないでしょう」

華子は少し嫌味をこめて言う。

想像してみてほしい。さいたま市のはずれの単身者用のアパートの前に、リムジンがとまっている様を。

アパート内の騒がしい足音で華子は目覚めた。窓をあけ、外を見る。アパート前の狭い歩道に、見た事もないような大きな車、そう「リムジン」がとめられていた。映画の中でしか見た事がない、非日常な存在。一体、誰が、なんのために。

その時、チャイムが鳴った。「一栄さま、お迎えにあがりました」そう、そのリムジンは弥田真凛が華子を招くために寄越したものだったのである！

大慌てでシャワーを浴び、酒の匂いをごまかし、近所の住人たちに好奇の目で見られながらリムジンに乗りこむ時の、あの恥ずかしい気持ちを華子は生涯忘れることはないだろう。

「アパート中の住人に顔を知られてしまいました。もしかしたら引っ越しを検討しないといけないかもしれません」

「少し強引でしたね。でも、そうでもしないと、あなたは来てくださらないと思ったから」

真凛は手入れの行き届いた見事な庭に目をやった。

フォーダイヤモンズの本社は恵比寿のど真ん中にある白亜の豪邸である。オフィスビルの方がずっと安いし、維持も楽だろう。だが、この邸宅を本社としている事に、華子は真凛の意地と美意識を感じた。

「しかし、驚きました。まさか、私、一栄華子の住所までご存じでいらっしゃるとは……」

どこかの職人が焼いた一点ものだろう。見た事がない、だが明らかに高級品と分かる茶器で緑茶を頂きながら、華子は言った。真凛はすました顔で、

「動画を見ましたから」

「動画？」

「あなたが……ご自分を渋沢某と名乗る動画」

「！」

真凛は面白そうに華子の目を覗き込む。獣のように鋭い目。何かを知っているかのような目。

「他にも楽しい動画がありましたよ。あなたの住居の前で、謎の男とあなたがチャンバラをしている動画」

タカオ先生だ！　ああ、あの時、誰にも撮影されてないか細心の注意を払っていたのに。

「あなた、剣術のたしなみもあるのね」

「学生時代に剣道をやっていたのです」

華子は咄嗟にウソをついた。この女は何か勘づいている。うかつに彼女のテリ

トリーに入るべきではなかった。一体、何の目的があって、この一栄華子を……

渋沢栄一をここに呼び出したのだろう。

「ですが、まさか私に剣道を教わるために、ここに呼び出したわけではないでしょう。あなたのような高名な実業家が一派遣スタッフにすぎない一栄華子になんの御用ですか?」

「そうね。私は遠回りは好きじゃない。だから、単刀直入に言うけれど……」

社長室の中に緊迫した空気が走る。

「フォーダイヤモンズで、正社員にならない?」

「はぁ?」

真凛はじっと華子の目を見つめている。「正社員」令和の世においては、アラサー女を屈服させるパワーワードのひとつ。まさか、こんなに短期間の間に二度も正社員にスカウトされるとは! お伽話でいったら、同時に2人の王子様にプロポーズされるくらいの超展開なのではないだろうか?

だが、残念な事に、自分は一栄華子なのである。令和の普通のアラサーとはわけが違う。

「あの、本当にありがたいお話なのですが、自分は正社員には興味がないのです」

「話を打ち切るのが早すぎませんか？　うちの業務内容も雇用条件も聞いてないでしょう？」

真凛が合図をすると、部屋の隅に微動だにせず待機していたパンツスーツの女性秘書が書類を華子の前に置く。

「ご存じのように、フォーダイヤモンズでも受付業の人材派遣を始めているの。あなたにはそのセクションの部長をお任せしたい……」

「月給、80万！？」

卑しいとは思いながら、思わず口にしてしまった。それも真凛の話を遮って。月給80万？　ブリリアントが提示した額の3倍以上ではないか！？　社会保険はもちろん完備、賞与も入れれば……年収1000万は軽く超える。これは、高身長でスーパーイケメン、しかも意地悪な姑や小姑もなく、超誠実でスポーツマンの王子にプロポーズされるくらいのウルトラ展開である。ああ、心が揺らぐ。アフタヌーンティーだの、エステだの、お金がもたらす楽しみを令和の華子は知りすぎてしまっている。だが、だが、

「しっかりしろ！」

渋沢栄一の声がした。

自分自身の内側から響いてくる、己の声だった。

「財産を蓄積する事がお前の目的なのか！」

すーっと気持ちが落ち着いていく。渋沢栄一自叙伝の中に、還暦を迎えた時の言葉があった。『実業界に入ったといっても、財産を蓄積する事が目的ではなく、新しく事業を起こすという事が私の主意であったのである』。奇妙な事だが、自身の中から響いてきたのは未来の自分……還暦を超えた自身の声であるように華子は感じていた。

「やはりお断り申し上げます」

「本当に？」

「はい。とんでもなく素晴らしい条件だという事は分かっています。でも、誰かの下で働くという意味ではブリリアントと変わりありません。自分はもう、そういう事には興味はないのです」

パンツスーツの秘書がまるで鯉のよう口をあんぐりさせて華子を見ている。感情を表に出さないように教育された人間であるだろうに。

「分かりました。では、このお話はなかった事に」

「またとないお申し出なのに、申し訳ありません」

「では、次の話を。この弥田真凛と友達になってくれるか？」

「はい？」

今度は華子の方が驚く番だ。

「あなたと友達になりたい。どうだろう？」

「友達というのは、性格があって初めてなるものですから……まだ、弥田様の事をよく知らないので、なんとも申しあげづらいのですが……」

弥田真凛という女の本音が分からない。だが……

「もしも友達になれたら嬉しいな、と私も思います」

「じゃあ、遊びに行きましょう。友達として」

「はい？　今からですか？」

「そう。今から。……善は急げよ。きっと、気に入ってもらえると思う」

自信を持った笑顔で真凛は華子を見つめる。この自信、行動力、意外性……令和で出会った女性の中でも、もっとも魅力的な人間かもしれない。華子ははからずも胸がときめくのを感じた。

＊　＊　＊

隅田川。屋形船が1艘揺れている。

川岸には高層マンション。水もあの頃より濁って汚れている。それでも、華子はあの夜を思い出さずにはいられなかった。

昔は遠くなりにけり。令和の暮らしは便利ではあるけれど、やはり明治が、そして、渋沢栄一の体が懐かしい。

明治のあの夜、屋形船には美しい芸者たちが大勢呼ばれていたっけ。もしかして、今日も……と船に乗り込んだ華子は目の前に広がる景色を見て驚いた。

「!?　弥田さん、すみません。これはなんですか?」

「え?　猫耳メイドだけど?　ご存じない?」

ゴシックロリータ風のファッションに身を包んだうら若い女たちは、確かに猫耳のカチューシャを着けている。「お帰りにゃさいませ、ご主人さま」メイドたちは声を揃えた。

「かわいらしいでしょ？　令和はいいわよね。美の基準が色々で。昔は醜女に生まれたら取り繕う方法がなかった……」

「昔？」

真凛はふっと笑みを浮かべると、華子を見た。鋭い眼差し。その眼差しは、先ほどまで華子が、いや栄一が思い出していた、あの男に似ていた。

「今日はあなたがお客様ですから。上座へどうぞ」

「！」

華子の体に緊張が走る。

この状況……似ている。あの夜に。あの男に。……まさか？　いや、偶然？　それにしては出来すぎているような……。

華子が席につくと、ひとりの猫耳メイドが傍らにつき、グラスに酒を注いでくれた。メイドの顔を覗き込んで驚く。

これは！　妻の千代にそっくりではないか！

間違いない。さすがに動揺して、華子は下座の真凜の顔を見る。

余裕の笑みを浮かべて華子を見る真凜の眼光は、あの男……そう岩崎弥太郎そのものであった。

「なあ、渋沢、これからの実業はどうしていくべきやろうか？」

「！　岩崎弥太郎殿！　あなたも、この令和の世に。どうして？」

「さあ？　お主《おんし》と似たようなもんじゃなか？　大方、酔っぱろうて頭でも打ったのであろう」

「！」

「ワシは、信じちょった。必ず、お主が……渋沢が、ワシの前に現れると。

あの時……明治に2人でやり遂げられんかった事を、成し遂げるために！」

弥田真凜はもはや女性らしさをかなぐりすて、あぐらをかき、どすのきいた情熱的な声で華子に語り掛けた。

「！　ですが、岩崎殿。私とあなたの考え方は違います。先ほども申し上げたように、あなたの下で働くつもりはない。三菱の……いや、フォーダイヤモンズの番頭になる気はないのです」

「うむ。あそこで断った時、やっぱり、お主が渋沢だと確信した。だが、私は番頭になれ、などとは言うちゃあせん。共にやろうと言いゆー、2人で実業を牛耳ろうと！」

「！　あの時……」

と、華子は周囲のメイドたちを伺う。こんな話を聞かれて大丈夫なのか？　だがメイドたちは何事もなかったように毛づくろいをしたり、あくびをしたりしている。猫そのものだ。あの時の芸者たちのように、聞こえているであろう話を聞いてないふりをしてる。この者たちもまた芸者同様に教育されたプロの女たちなのだ。

「明治11年、そうおっしゃってくださった時も同じお気持ちだったのですか？この渋沢と本当に共にやろうと？」

「いや……。あの時はお主を懐柔したかった。番頭になってくれ。うむ、そがに思うちょったのかもしれん」

「やっぱり」

「だが……あれから7年後……ワシは、岩崎弥太郎は志半ばにして命を落とすがよ」

「！　そうだったのですか」

うかつだった。そういえば自分の事はさんざん調べたけれど、岩崎弥太郎に関してはWikipediaすら、チェックしていなかった。

「……東洋の男児と生まれ、志したことの十のうち一か二しかできないうちに今日に至ってしまった。もはや如何ともし難い」

真凜の目にはうっすら涙が浮かんでいる。

「迫りくる死を意識し、そがに言い、いや、ほんでもまだできる事があるはずや！　と身を起こした瞬間、ベッドから落ちて頭を打った。そして……今に至るというわけや」

「そうだったのですね」

「もしもあの時、ワシと渋沢、お主が手を組んじょったら、志した十のうち五か六はなんとかなったのじゃないか！　ずっと悔やんじょった。だから、改めて言う。共にやろう！　令和の実業界をワシら2人のものにしよう」

死を直前した男の情熱にふれ、華子の心は揺らいだ。

弥太郎とは考え方は違う。だが、折にふれ協力しあった事もある。

お互いに尊敬する部分があったのは事実だ。

確かに、2人が手を組めば、もっと大きな事業、もっと大きな富に繋がる。だが……。

「富は卑しいものではない。『論語と算盤』に書いてあったがじゃ！」

華子の、いや渋沢の心を察したかのように真凜が叫んだ。

「それに知っちゅーか？　お主の孫と、ワシの孫は結婚するんがよ」

「ええっ！　そうなのですか？」

「そうや。すなわちワシの資産の一部は、渋沢家の資産となったという事や。これを運命と言わんでなんと言おうか」

「！」

「明治でもワシは5つほどお主より年かさだった。この令和の世でも、弥田真凜は華子、お主より、年も地位もある。ワシの力を利用したら、お主はもっと強うなれる。『個人の富はすなわち国家の富である』これもお主の言葉ぞ。だとしたら、華子、お主が自分の富を増やすために、ワシと手を組むがは何ら間違いじゃない。そうじゃなか？」

真凛の言葉は説得力に満ちている。確かにそうだ。今、自分がしたいこと……仲間たちを助けるためには『金』が必要なのは事実である。そのために、真凛と手を組む。正しい方法なのかもしれない。少なくとも、弥田真凛はこの令和の世の金の稼ぎ方は、華子以上によくわかっているはずだ。

「……わかりました。でも、ひとつ質問させてください」

「何や？」

「あなたはどうやって富を増やしますか？　この華子が……いえ、渋沢が知らない『令和の富の増やし方』をひとつご教示ください」

「投資、やね」

「投資？　それくらいは渋沢も知っています」

「だが、マンション投資は？」

「？？　どういう事ですか？」

「ほら、お主の勤務先で買うた、あのみなとみらいのマンション。どういて、あれを買うたと思う？」

「！　それは自分も伺いたいと思っていました。あのマンションは確かに素晴らしいものですが、フォーダイヤモンズの本社に通うには、いささか交通が不便です。たとえ車を利用するとしても今のご自宅の方がはるかに便利でしょう。

なぜあのマンションを？　別荘？　それともご家族用？？」

もしかして愛人用？　とも思ったが、その言葉は飲み込む。

「ワシはあのマンションには住まん」

「住まない？　ああ、賃貸に出すという事ですか？」

「いや、転売するがよ」

「！　転売？　住居を？　一度も住まずに？」

「マンションが完成する頃には、今よりもっと価値があがる。そこで転売する。もちろん、いっぺんも住まんで。いっぺんでも住んだら中古住宅となり、価値が落ちるきの。その利益で別の新築マンションを買い、さらに転売して……」

「待て、待て、待て」

得意げに語る真凛を華子は制した。

「それは、投資ではない。単なる転売。いわば、転売ヤーと同じです。転売ヤーは犯罪ですよ」

「だが、マンションの転売は犯罪じゃない」

真凛は得意げに微笑んだ。

違う。絶対に違う。

「……すみません。やはりあなたとは相いれない。

私の考える投資とは、そのような『金を増やすためのゲーム』ではないのです」

「なら何ながや？」

「私利私欲を満たすためのものではなく、公益や道徳を追求するためのものです。

国民皆の利益に繋がらない富や資産には意味が……」

「そんな理想論にこそ意味がない。知っちょるか？　世界の富の76％は上位10％の富裕層のものや。それが現代や。ワシの主張した専制主義が歴史上は勝利するがよ」

「そんな……」

「お主がこの令和の世に生まれたがは、その事実を知るためやったのじゃないだろうか？　ほんじゃあきに、生き方を悔い改め、ワシと手を組み、明治の時には成しえんかったことを……」

「渋沢の生き方は間違いではない！」

かっとなった華子は、立ち上がり叫ぶ。

「岩崎さん、あなたはあれから7年後に亡くなるかもしれませんが、私は違う。私は、きっと、また明治に戻る事があると信じている。尾高惇忠先生もそのように仰っていた」

「尾高？　尾高も、令和におるがか？」

それには答えず、華子は続ける。

「だったら渋沢は論語で一生を貫いてみせる。明治でも、令和でも」

華子は真凛を強くにらむ。

「……やはり、お主と友達になるのは難しいようや」

「申し訳ありません」

「好きにするがええ。ただし、……友達じゃない以上徹底的に潰すぞ」

「そちらもお好きなように。……ですが、残念ながら一栄華子は潰れません」

2人の女は強くにらみ合う。その周囲で猫メイドたちは、皆、昼寝をしているのだった。

第六章

渋沢栄一、危機を迎える

あれから2週間。

弥田真凛に啖呵を切った一桒華子は、今もまだ、ブリリアントに所属し、派遣受付スタッフとして働いている。

いや、もちろん、事業は起こすつもりだった。幸い華子には婚約破棄の慰謝料で得た300万がある。（実は、その後、投資で少しばかり増えてすらいる）それを資本金にレンタルスペースの運営を企画したのだ。カフェや図書館で仕事をしている人々を見てのことである。Wi-Fiを完備し、軽食やドリンクもそろえる。仕事場としても休憩所としても使えるスペース。これはいけるんじゃないか？　起業するにあたって、華子は民子と優香に声をかけた。もちろん、正社員として、ブリリアント以上の給与も保証した。

だが、断られてしまったのである。

これは、かなり堪えた。何がいけないのか？　レンタルスペース事業は、経営の素人である彼女たちから見てもイケてないのか？　そんな事を悩んでいた数日前、民子の息子の洋からLINEが届いた。「僕たちの城を見に来ませんか」

と。

小学校の空き教室。フォーダイヤモンズの白亜の豪邸と比べたら、随分ささやかな城である。だが、その城が洋にとって、どれほど大切なものか、華子にはすぐにわかった。教室全体に防水加工のマットがひかれ、小学生用の小さな机といすの代わりに大きなローテーブルが置かれている。直接床に座れるようにする事で、中に入れる子供たちの数を制限しないようにしているのだ。また、誰かが持ち寄ったのであろう遊具や漫画なども置かれている。学校内ではあるが、ここは誰もが自由に過ごせる場所。洋が夢見ていた「子供たちの居場所」である。ただ、ちょっと思っていたのと違うのは、ここに大学生たちの姿がある事であろうか。

華子に感化をうけた洋は、かつて自分の通っていた小学校の学童に「無料で小学生の宿題を手伝うボランティアがしたい。中学生の自分たちでも小学校の勉強ならわかるはずだから」と申し出た。久々に通い始めた中学校でも何人かの同志が集まった。(その事実に洋は感動したという)だが、学童の運営陣は良い顔をしなかった。まだ未成年の彼らを無償で働かせるわけにはいかない。中学生はまだ子供、というわけだ。

ならば土日に児童館など公共のスペースで自主的に行う分には問題なかろうと行動を起こすと、今度は中学校の方から指導が入った。公立中学校に通う洋たちは高校受験を控えている。「今は人の勉強の遅れを心配している場合ではない。目の前の高校受験に集中するように」と。どうやら一部の父兄から洋の影響で、わが子が自分の勉強以外の事に気を取られているというクレームが入ったようだ。

洋は校長室に呼び出された。

「戸山くんが、自分より恵まれてない子供たちに救いの手を差し伸べたいという気持ちは理解できるよ。だけど、君だって、まだ『子供』なんだ。まずは高校へ進学し、成人して、勉学や経験を積んだ後に行動を起こしても遅くないんじゃないか？」

校長は優しい口調でそう言った。

「ですが、その間、苦しんでいる子供たちはどうなるんですか？」

「それは今の大人たちに任せて……」

「任せた結果が、今の日本の子供の貧困率なんじゃないですか？」

微笑みを浮かべた校長の目が、死んだ魚のように冷たくなるのを洋は感じていた。「なるほど。これで僕の内申点は最悪な事になるってわけか。そりゃ、まともに高校進学を考えている中学生は、先生には意見すら言えなくなるだろうな」

こうなるとせっかく集まった同志たちも解散である。高校受験を控えた中学生にとって親はもちろん、「内申点」という武器を持つ学校の存在もまた絶対である。(華子個人としては、そのように学校が絶対的な権力を持っているのは本来の学び舎の姿とは違うのではないか……と思うが）洋は、別の同志を探すしかなかった。

そんな中、SNSで知り合ったのが、名門大学に在籍する「さとちゃん」であった。さとちゃんは自身も大学生でありながら、学生たちの起業のアドバイスなども行っていた。(自身もどこか大きな会社の役員らしい）洋たちの活動に共鳴し、力を貸してくれたのだという。

「身元のしっかりした大学生である『さとちゃん』をトップに据えて、交渉をしたら、同じ企画でも、大人たちの反応がまるで違ったんです」

そう語る洋の顔は、晴れ晴れとしている。あくまでも中心となって動くのはさとちゃんをはじめとする成人した大学生。（もちろん身分証を小学校に提出している）中学生はあくまで手伝いという事で、「行き場のない小学生たちの放課後の居場所づくり」の一環として例の空き教室を借りる事ができた。表向きは「一流大学生による宿題等のサポート」を名目としているが、そうではない子供たちもいられる場所である事は先述の通りである。

「信用こそが資本である。渋沢栄一も言ってます。若く経験のない僕がまだ信用を得られないのは仕方ない」

「だが、洋くんは、今回の事業を一歩進めた事で、『信用』を一つ得たじゃない。その積み重ねだよ」

「それもこれも、みんな、さとちゃんのおかげです。……学校には行けないけど、ここには来られるって子もいるんですよ。先生たちは良い顔をしないけど」

さとちゃんは小学校高学年の子に英語を教えている。傍から見ていても、小学校レベル以上の内容なのは見て取れる。洋が言っていた通り、今の小学生の学習レベルはあがっているのだろう。その一方、通常のカリキュラムについてこられない子供たちもいる。様々な問題を抱えている子もいる。学校だけで対応するのには限界があるのかもしれない。だとしたら、洋がしようとしている事はビジネスになるかも……と華子が思った矢先、洋が小声で続けた。

「さとちゃんには、この活動を『事業』にしていったらいいんじゃないかってアドバイスを受けてるんです」

「やっぱり！　私も、今同じことを思っていた。中学生の洋くんだって起業はできるもの。大学生の彼……さとちゃんも手伝ってくれるんじゃない？」

「それはそうなんですが……さとちゃんには別の事を勧められました。その……母と起業してみたらどうかって」

「！　それは……どうだろう？」

「？」

華子は自身も起業を考えたこと。その際に民子や優香を誘ったが断られてしまった事を洋に話した。

「お金の事もちゃんと保証したんだけどね。まあ、実の息子の洋くんから誘われたら違うかもしれないけど」

「……」

洋は華子の言葉に何度か頷いた。頷きながら、彼なりに考えをまとめているようだ。

「僕との起業は、最初は金銭的メリットが少ない、母にとってはあくまで副業です。情で名前を貸してくれないこともないでしょう。でも……」

「でも？」

「華子さんとの起業は、そうはいかない。生活に直結しますから、確かにお金は大切でしょう」

「そんなの分かってる。だから、良い条件を……」

「高給なら、それで良いというわけじゃない。母や優香さんが求めているのは『安定』なんじゃないでしょうか？」

「安定？」

「今、華子さんが起業しても、失礼ながら、どれくらい続くか分かりませんよね？　それこそ……『信用』がまだないわけですから」

「！　それは、」

確かに。渋沢栄一ならともかく、一栄華子は、なんのコネも実績もない。令和の経済界においての「信用」はゼロだ。たとえ友人であっても、民子や優香からも同じように見えるであろう。

「仮に今月50万頂けるとしても、3か月で終わってしまったら？　優香さんはともかく、40代の母が再び、派遣社員として新しい会社に勤めるのはなかなか難しい事です。だったら、今、実績を積んで時給も上がったブリリアントにしがみつきたくなるのも当然の事では……」

「そうか……単にお金ではなく、持続可能な高賃金を求めていると、」

「あはは、そうですね。SDGsですね」

優香がよく言っている。金持ちと「付き合う」ことなんか何の意味もない。「結婚」に至らなければ、仕方ないのだと。たしかに「結婚」という安定した契約関係に入らなければ、男の財産を共有することはできない。それと同じで、短期間で終わってしまうなら、高収入も宝くじと変わらない。そして生活は続いていくのだ。

「あれだけ一緒にいて、そんな事も分からないなんて！」

転生してから、これほど自分にがっかりした事はないかもしれない。華子は大きくため息をつく。

「……僕がこんな風に考えるようになったのは中学校に戻ったからなんです」

「学校？」

「……僕、前に言っていたでしょう。『同級生なだけでは友達とはいえない』って。中学生のこと。僕、彼らの事、心のどこかで見下していた。あいつら何も考えてない、失礼な言い方だけど、バカだって」

「！」

「でも、いざ学校に戻ってみて、そういう子たちと話してみてわかったのは、彼らは『余裕がない』だけだって事なんです。うちと同様、経済的に余裕がない子もいる。お金には困ってなくても、受験勉強や習い事で親にがんじがらめにされて時間的な余裕や、精神的な余裕がない子もいる。

彼らはバカじゃないし、何も考えてないわけじゃない。考える余裕がない生活を送ってるってだけなんです」

「……確かに。学生だけじゃないわ。今の大部分の日本人は仕事に追われて時間に余裕がない。そういう働き方をしなければ、食べていけない現実もあるし」

「僕にこの事を気付かせてくれたのは『さとちゃん』なんですよ。本当に愚かな人間、知的好奇心のない人間なんて、ほとんど存在しない。特に中学生だったら、って。老いた人の中には、もう考えが凝り固まってどうにもならない人もいるけど、若いってのはそれだけで希望だって」

「なるほど……」

なかなかやるじゃないか。さとちゃん。

「それで僕、友達への接し方を変えてみたんです。学校からの圧力で仲間は減っちゃったけど、でも、手伝ってくれる人がいないわけじゃない」

そこに明るい声がひびいた。

「あ、洋くん、いたいた！　ごめんね。部活がのびちゃって」

洋と同じ制服の中学生たちが数人やってきた。ここを手伝うボランティアのようだ。きっと彼らは洋にとって単なる「同級生」ではない「友達」なのだろう。迎え入れる洋の笑顔がそれを物語っている。華子は胸が熱くなった。

「洋くん、ちゃんと広げているじゃない。自分の蟹穴」

はにかむ洋に、華子は続ける。

「自分の心を開いて、みんなの事を知ろうとしたから……それで関係が変わったのね」

「あ、それも、さとちゃんに言われました。人と自分の違いを『知る』ことがまずは大事だって」

本当にやるじゃないか！　さとちゃん！　20歳そこそこの大学生とは思えない。まさか誰かの転生ではないだろうな？　伊藤博文？　大隈重信？　それとも……。

「だから、きっと、今は華子さんも『知る』時間なんじゃないでしょうか？　うちの母も含めて、働く女性が何を求めているか、何を恐れているかを……」

「そうだね。……今日、ここに来られてよかったよ」

華子は自分の中に力がよみがえってくるのを感じた。そうだ。時には足をとめて「知る」こと「学ぶ」ことも大切な事だ。


というわけで、渋沢栄一こと一栄華子は、今もまだ、派遣受付嬢としてブリリアントで働いている。これが天下の渋沢が令和の世でやりたい仕事なのか？　と問われれば疑問はある。だが、その表情は暗くない。そう今は「知る」時間なのだから。

そもそも転生するまで「女」の事を何も分かっていなかった。（あれほど多くの女と交際したというのに……）家庭に入る女が大部分だった明治と違って、令和では働く女たちが大多数である。その働き方も違えば求めているものも違う。

例えば夫の扶養控除内で働いている主婦たちは、そもそも大金を求めてはいない。それこそ安定したストレスのない職場であれば十分、やりがいなど求めないという者もいるだろう。

だが、「もっと働きたい」「もっと収入を得たい」と思いながら、派遣以外の選択肢がないと思い込んでいる女性も大勢いる。今、華子がしたいと思っている事は、そういう女性たちに、別の未来を提示すること。ならば、彼女たちの現実と願望をもっと知る必要がある。そして、実績を重ね、信頼を得ることも大切だ。

だが、派遣受付嬢生活も安泰とは言い難かった。

真凛率いるフォーダイヤモンズが、不動産受付業に本格的に参入してきたのである。ブリリアントよりも安く、そして、欠員なく安定した人材を提供するフォーダイヤモンズはたちまち業界で頭角を現し始めた。しかも、フォーダイヤモンズのスタッフのスタート時給はブリリアントより100円ほど高い。ブリリアントのスタッフの中にもフォーダイヤモンズに移籍する者が多くあらわれた。その大部分は若く美しいスタッフだった。

現在、首都圏の新築マンションの平均価格は過去最高レベルの高水準である。バブル期の再来ともいえる今、不動産業に注力する真凜の判断は正しい。と同時に、これは、ブリリアントを……いや、一栄華子をつぶすための戦いでもあるのだろう。「友達でない以上、徹底的につぶす」そういった、真凜の目にたぎる炎を華子は思い出す。そして、現世では圧倒的に真凜の方が経験も長く、人々の信頼もある。この勝負、一栄華子が圧倒的に不利なのは間違いない。

「だけど、どうして、フォーダイヤモンズは高時給でスタッフを雇用できるの？今後、彼らが経験を重ねて昇給した時に対応できる？」

「それがね。2年で雇止めって契約らしいわ」

思わず疑問を口にした華子に、訳知り顔で優香が答える。

「雇止め？」

「いや、私も、時給につられて移籍しようかなって思って、問い合わせてみたんだけど……」

フォーダイヤモンズが雇用するスタッフは週5回フル勤務できるAスタッフと、土日祝日のみの勤務を希望するBスタッフのみ。そのどちらも勤務先を選ぶことはできない。どんな遠方であろうと、指示された物件に向かわなくてはいけないのだ。（それで欠勤がでない。欠員が出た場所に強制的にスタッフを行かせるという仕組みだ）そして2年を超えたら契約更新はなし。これには一切例外がないという。

「私もアラサーだからさ。2年後にもっといい条件の仕事が見つかる保証もないしね。それに勤務先を選べないのも……遠くの物件に行かされて、合コンに間に合わなかったら困るし」

「いやいや、その前に、2年で雇止めしていたら、現場はいつも新人スタッフのみって事にならない？ それで現場まわるの？ やっと仕事を覚えたらいなくなって、それでまた何も知らない新人が入ってくる……」

「受付なんてその程度の仕事だって考えられてるって事でしょう。安く雇えれば誰でもいい、経験や知識なんて必要ないって……」

経験の必要ない仕事なんてない！　これでは、仕事にやる気の持ちようもないではないか。経験を積もうが何をしようが時給は変わらず、必ず2年で切り捨てられるなんて……労働者の尊厳をなんだと思ってるんだ！　同じ女性として真凛のやり方に憤りすら感じる。

「女性だから？　女性だからこんな扱いを受けるの？」

「いやいや、男性でもよくある事でしょ。派遣ってそういう事だもん。そうそう、昔の現場仕事じゃないけどさ。これからは日雇い労働とかも一般的になっていくんじゃないかな？　隙間時間にちょっとだけ働く、とか」

「むむむ……」

それが労働者にとって良い事とはとても思えないのだが？　華子の苦々しい顔を見て、優香が続けた。

「でも学生とかは、いずれ就職するわけだから、こういう雇用システムもありがたいと思うよ。やめる時に引き留められずに済むし。煩わしい人間関係もない。

責任のない仕事がしたいっていう子だって多いだろうからさ」

なるほど、そういう考え方もあるのか。そういえば、某経済誌が年末に発表する『ウーマン・オブ・ザ・イヤー』。今年は弥田真凜が選ばれたという事だ。それだけ、彼女の実業、彼女のやり方を大衆は支持しているという事なのだろう。

いや、本当にそうなのだろうか？　やはり華子には、フォーダイヤモンズのやり方が正しいとは思えない。学業が本分である学生と、自身の得る賃金で生活を立てなければならない勤労女性を「派遣」という同じ雇用形態や賃金で当然のように働かせる事に大きな疑問を感じる。大衆はそこまで理解しているだろうか？　彼らが見ているのは彼女の華やかさやカリスマだけではないのか？　彼女のやり方は女性の未来を照らすものとは思えないが、経済界にとっては「安くて使い捨てられる人材」を提供するものである。結局、男性がほとんどの経済界が「弥田真凜」というカリスマを利用して、女性から搾取しているだけなのではないだろうか？　その事に、多くの女性たちは気が付いているのだろうか？　実情を見ようともせず、「わあ、弥田真凜さん、素敵ねぇ。主婦でも起業すれば、あんな風になれるんだわ」と憧れ、夢見ているだけなのではないだろうか？　弥田真凜もまた、持ちあげられ、利用されているだけである！

と、いくら華子が吼えたところで、あちらは『ウーマン・オブ・ザ・イヤー』そして、一栄華子は一介の派遣受付嬢である。今はまだ差がありすぎる。「今は、だけど」心の中で強がってみても、現実は現実。

数日後。多くの高級物件をフォーダイヤモンズに奪われた華子は、優香と共にオフィス街の中にあるシングル向け物件の新規立ち上げに向かった。通勤には便利な立地ではあるが、近隣に学校やスーパーなどはなく、生活するには何かと割高な場所。部屋が狭い割に高額なこともあり、売り終えるにはかなり時間がかかりそうだな……と華子は推測する。来客も多くはないだろうから、優香をリーダーに学生スタッフで回していこうというのが華子の目論見だ。

本当は学生ではなく、民子をはじめとする「金銭的に困窮」しているスタッフに仕事を回したかった。試験になれば休んでしまう学生とは違って、民子たちは長期にわたって定期的に働いてくれる現場にとってはありがたいスタッフなのである。だが、ブリリアント取締役の吉永がしたり顔で「あそこの本部長、若い子がお好きだから」と言った事で、若い女子大学生を中心とする事になったのだ。

もちろん、クライアントの意向はある。分かっている。だが……。どうしてだろう。あまり売れなさそうな物件のリーダーほど、スタッフの若さやルックスにこだわるような気がしてならないのだが。

案の定、この物件のリーダーは仕事ができるタイプではなかった。高圧的でぞんざいな口のきき方。「これは、1回でやめてしまう学生達も多いだろう。補充人員を考えておかないと」華子は心の手帳にメモをとる。

また、この物件には落とし穴があった。周りに大きな会社が多すぎるのである。平日のランチタイムには周辺の外食産業はチェーン店にいたるまで大行列。また、コンビニエンスストアのおにぎりやサンドイッチも昼過ぎには完売してしまう。受付嬢は必ずしも、12時や13時にランチ休憩がとれるわけではない。「これ、出社する時にどこかでランチ買ってこないとだね」

優香がそうつぶやく。だが、受付スタッフの控室には冷蔵庫すらない。（もちろん営業マンたちの事務所にはあるが、あのぶしつけなリーダーが受付スタッフの冷蔵庫の使用を許可するとは思えない）そうなると……。

「あーあ、民子さんがいてくれればなぁ。みんなのおにぎり作ってきてくれるのに」

華子もまた民子の事を考えていた。

民子に無料でおにぎりを作らせようというのではない。でも、民子がいたら、何か良いアイデアがあるのではないか？　と。そういえば、民子はお弁当屋さんでもバイトしているんだっけ。華子は民子にごちそうになったお弁当屋さんの総菜の家庭的で懐かしい味を思い出していた。もしも、あのお弁当屋さんがこの近隣にあったら……。

その時、華子と優香のスマホがほぼ同時に震えた。メッセージの着信を知らせている。民子からだった！

「あ！」

運命的なものを感じて、華子はスマホの画面に目を落とす。シンプルな文面が続く。

「戸山民子です。ブリリアントをクビになりました」

「わかってたの。いつかはこうなる。覚悟して準備しておかなかった自分が悪いのよ」

郊外の喫茶店でアイスコーヒーを飲む民子の姿は一回り小さくなったように見える。華子は深くため息をつく。

「でも、おかしいですよ！　民子さん、あれだけ頑張ってたのに」

ブリリアントの派遣社員たちは1年ごとに契約更新がある。よっぽどの事がなければ、契約は自動更新され、勤務を続ける事になる。だが、……その「よっぽどの事」が起こった。民子の契約は打ち切りになったのだ。

「……」

民子は無言でストローを口にふくむ。一方、優香は怒りが収まらないようだ。

「本社もなに考えてるんだろう！　ただでさえ、フォーダイヤモンズに移籍するスタッフが増えて、人足りないんだよ？」

「そうよね」

＊　＊　＊

華子も同調する。

「それに、民子さんは物件のリーダーもやったし。会社だって、民子さんを評価したから時給もあがって……」

「それが仇になったかもしれぬ」

華子が重い口を開くと、優香は「!?」と華子の顔をみる。

「見て、これ、ブリリアントの新人募集。……私達の頃はスタート時給、1200円だったのに、今、1150円まで下がっている」

華子はスマホに乗っていた求人広告を見せる。民子はすでに知っていたようで、そっと目をそらす。優香はただでさえ大きな目を、飛びださんばかりに開いて広告を見た。

「?? どういう事? これ、民子さんとなんの関係が?」

「フォーダイヤモンズの台頭でブリリアントは多くのクライアントを失っている。人件費を下げたい。だから、高時給のスタッフを切り、安い新しいスタッフを採ろうとしている」

「!!! じゃ、じゃあ、もしも、民子さんの時給が前と同じだったら……」

「民子殿、すまなかった」

思わず明治の言葉に戻って、華子は民子に頭を下げた。

「や、やめてよ、華子ちゃん！」

「少しでも時給が上がれば、民子殿の望む暮らしに近づける。だが、それは近い将来だけを見ていた考え方だった。物事を長期で俯瞰に考える視線が足りなかった。この一栄華子の不見識である。申し訳ない」

「……こちらが惨めになるから、謝らないで」

民子は静かに答える。

「今、華子ちゃんが言ったこと、私だって考えなかったわけじゃない。あの時、華子ちゃんがあんな事言わなければ……軽い気持ちで時給を上げてもらわなければ、来年もブリリアントで働けていたのかもって」

胸がキリキリと痛む。来年……たしか洋くんは高校進学が控えていたはずだ。それなりに物入りであろう。

「でも、そんな事、思いたくないの。一生懸命働くのは悪い事じゃない。結果、時給が上がった事だって、絶対に悪い事じゃない。華子ちゃんも私も悪くない」

「そうだよ！　そういう頑張ってる人を切り捨てる社会が悪いのよ！」

優香も追随した。

「でも、それ、切り捨てられた側が言っちゃったら、負け犬の遠吠えじゃない。華子ちゃんの言ったとおり、長期で俯瞰に物事を考えなかった自己責任だって。……だから、自分が悪いって思おうって……」

「民子殿は悪くない」

「……華子ちゃん、」

「悪くない」


華子の心の中で様々な思いが渦を巻いていた。『ウーマン・オブ・ザ・イヤー』の弥田真凛と、派遣切りにあう戸山民子。なんだろう。この不条理。何がちがう？　離婚したから？　自己責任ってなんだ？　そんなになんでもかんでも完璧になんかできないし、完璧にやり遂げようにも、この世界のルールは複雑すぎる。何が正解で、何が不正解……。

と、その時、華子の脳裏に低い男性の声が響いた。

『私は、論語で一生を貫いてみせる』


渋沢栄一の声だった。

そうだ。何を迷っているのだ。考え方も出世の方法も時代によって変わる。だが、「論語」は変わらない。そこには絶対の「真理」があるはずだ。

では、「論語」で一生を貫くなら、一栄華子は今、何をすべきなのか？

「……私もブリリアントやめる」

華子は静かに、だが一気にそう言った。

「ちょ、ちょっと何言ってるのよ。華子！」

「そうよ。私に同情して、変な気起こさないで」

「有能で高時給なスタッフが切られていくなら、いつかは私も切られる。そんなところで頑張っていても無駄だわ。だったら、善は急げ！　よ」

「でも、どうするつもり？」

「ねえ、民子さん。改めて言う。私と起業しない？」

「！　でも、」

「次の派遣会社が決まるまででいい。今からすぐにどこかに応募して合格したって、採用までに下手したら1か月くらいはかかるでしょう。だから、それまでいいから。もし失敗したら全責任は私が負う。絶対に民子さんに経済的な負担はかけない」

「で、でも、……私みたいなおばさんと何するの？」

華子の脳裏に今日みたオフィス街が浮かんだ。おにぎりのないコンビニ、行列ができるチェーン店。そう、そうだ、なぜ気付かなかったんだろう。

「……お弁当屋さん？」

華子は不敵な笑みを民子に向ける。民子も優香もぽかんとした顔で華子を見ていた。

第七章

渋沢栄一、啖呵を切る

「民子さん、調理師免許取得おめでとう！」

「ありがとう。でも、大げさだよ。60％は受かるわけだし……」

「でも、数か月の勉強で受かる人は稀だよ！　やっぱり民子さんって凄いよね。ほら、ケーキのろうそく吹き消して」

「やだ優香ちゃん。誕生日じゃないんだから……」

と言いながらも、民子は嬉しそうにろうそくを吹き消す。クリームに宝石のようなフルーツやゼリーが埋め込まれたケーキは優香が用意したもの。カッサータとかいうらしい。


3か月ほど前。ブリリアントを解雇された民子と共に、華子はキッチンバスをレンタルし「移動式弁当屋」を始めた。

「渋谷にしたって、新宿にしたって、年々高層ビルは増えていて、当然、その中で働く人たちは増えているわけ。でも、飲食はそれに追いついてないんじゃないかって……」

「ランチ難民ってやつね。確かにニーズはあるかも」

「だけど、同じ事、考えている人はいっぱいいる。焼き芋屋やクレープ屋のワゴン販売なんて、しょっちゅう見るし」

「この前、メロンパンを見たわ。『究極のメロンパン』だって。長蛇の列だった」

「そうやって、特化した商品に価値を持たせる方法もある。でも、今回は違う気がするんだ。毎日のお昼ご飯に人は何を求めるか？　民子さんなら、何かアイデアがあるんじゃないかと思って……」

華子自身は料理も得意ではないし、弁当の事もなにも知らない。この初事業をうまくいかせるためには、主婦経験が長い民子のアイデアが絶対に必要だった。

主婦が弁当に求めるものは何か？

まずは安全である。腐ってしまって食中毒になってしまっては元も子もない。そういう意味では、ワゴン車で「出来立て」をサービスするのは良いアイデアと言えそうだ。

そして、栄養バランス。これが難しい。一汁三菜でバランスの良い食事を提供できるのがベストではある。実際に洒落たカフェなどで、主菜と副菜とサラダを選べるようなランチ（そこに玄米かパン、スープか味噌汁が付く）はある。テイクアウト可能な例も少なくない。だが、1500円から2000円くらいが相場だ。毎日食べる弁当としては、予算が高すぎる。ワンコインとはいわないまでも、1000円以内、できれば700〜800円程度に収まらないとニーズがないのではないか？　ここが2人の悩みどころだった。複数のおかずを用意するのは手間がかかるし、リスクもかかる。だが、「からあげ」とか「ハンバーグ」とかたった1つの商品で勝負するのではメロンパンと変わらない。そこには何かしらの付加価値が必要になる。まさに「究極」と呼ばれるような「何か」。

民子はもともと週2日、地元の弁当屋「たかみや」でバイトをしている。華子もその店をボランティアで手伝ってみることにした。

「これ以上スタッフを雇う余裕はないの。華子さんみたいなしっかりした人を無料で働かせるなんて、なんだか申し訳ないわ」

オーナーの老夫婦は感謝することしきりであったが、感謝したいのは華子の方である。**学問は一種の経験であり、経験はまた一種の学問である**。必ず、この経験が移動式弁当店のヒントに繋がると華子は確信していた。

ヒントはひとりの男性客からもたらされた。50代くらいだろうか？　3日に一度は弁当店を訪れる。そうでない日も、近隣の飲食店でよく見かける。仕事帰りの華子が有名なチェーンのイタリアンで手軽な夕食を済ませている時に、ひとりでワインボトルをあけていた事もあった。おそらくは独身。服装からしてサラリーマンではない。フリーランスのデザイナーか、ライターか？　家での作業が多い仕事で、昼食は外食か中食がほとんど、といったところであろうか。

「たかみや」は老夫婦2人で切り盛りする弁当店である。メニューはそれほど多くない。唐揚げ、生姜焼き、ハンバーグ、焼き魚は定番、それに日替わり弁当が1つ。そのほか、煮物やお浸しなどの多数の副菜を揃えている。（これらの副菜は弁当にも彩りよく入れられていて、まさに民子のいう「バランスのよい」弁当である）くだんの男性客は、ほぼ毎回「日替わり弁当」を買っていく。華子はそれが気になっていた。日替わりメニューが何かなんて、来店するまでは分からない。なのに、なぜ、あの男性客は日替わりを選ぶのか？

そんなある日、男性が珍しく焼き魚弁当を選んだ。これぞチャンス！　華子は思い切って男性客に話しかけてみる。

「焼き魚弁当、珍しいですね。だって、お兄さん、いつも日替わり弁当じゃないですか？」

中年男性でも「お兄さん」と呼ぶのは、飲食店という「経験」から華子が学んだ「一種の学問」である。案の定、男性客の顔はぱーっと華やいだ。

「だって、今日の日替わり、角煮やん。わし、肉の脂身、だめなんよ。挽肉はいいんやけど」

「？？　でも、ハンバーグは頼まないですよね？」

「一人暮らしやから、どうしても野菜たりなくなるし。だから、ここに来るときは日替わりに決めてんねん」

「！」

「ねえ、民子さん、バランスを1か月で考えてみたらいいんじゃないかな？」

その夜、華子は自分のひらめきを民子に話した。

1食でバランスを取ろうと思ったら、様々な食材が必要になり、手間もかかる。だが、ひと月でバランスを取ろうと思うなら……。

「1回の昼食は、野菜が多めの主菜が1つあれば十分」

「？　おかず1品だけの弁当ってこと？」

「そう。今日は青椒肉絲《チンジャオロースー》、明日はゴーヤチャンプル、次の日はレバニラ炒め……はちょっと匂いが気になるか。そんな感じで、日替わりの弁当だけを提供する。その分、お値段は控えめに。700円くらいかな」

「……確かにそれは良いかも。どんなにおいしくても、毎日同じ弁当屋さんやレストランには行かないと思うんだよね。だとしたら、日替わりで食べたいおかずの時だけ買ってもらえれば十分かもしれない」

「それに男性と女性では食べたい量も違うからね。女性サイズで作って、男性はプラス数十円でスープでもつけようか？　味噌汁なら具だくさんにもできるし」

「私、作れそうなメニュー考える。学校給食の献立が役に立つかもしれない」

派遣切りにあった自分に同情して、華子もまたブリリアントをやめたのだと民子は勘違いしている。それゆえだろうか？　この事業にかける民子の思いは並々ならぬものがあった。「たかみや」の老夫婦が全面的に協力してくれたのもありがたかった。キッチンワゴンの開業にあたって「食品衛生責任者」として助言をくださっただけではない。ご夫婦は共に高齢となり、そろそろ店をたたむ事を考えていた事もあって、早朝のキッチンを華子と民子に貸してくれたのだ。ここで弁当の仕込みをさせてもらう事ができた。また、業務用の食材を安く仕入れるルートを紹介してもらえた事も大きな利益だった。これだけで、華子のボランティア勤務のお釣りがくるくらいだ。

こうして、2024年になってまもなくキッチンワゴン『アワ・キッチン』は始まった。Our Kitchen＝私達の台所は、民子の命名である。当初、華子は『ユア・ランチ（あなたの昼食）』という名前を提案していた。

「確かに、お客さまのお食事、ではある。でも、その名前にするとお客様と私達の間に壁がある気がするんだよね。……あのね、最近、洋とさとちゃんが子ども食堂の支援もしていて……あ、そこに来てる子供たちの学業支援をしてるって事なんだけど……私も時々、手伝いに行ってるの。ボランティアで。

その時に、『やってあげる』っていう感覚だと、なんか来ている子供たちを惨めな気持ちにさせる気がするんだ。子供にはもちろん『親』がいるわけだけど、それとは別に、子供って子供であるだけで『地域の子供』だったり『国の子供』だったり、とにかく、私達大人が大事に育てなくちゃいけない存在なんだと思うの。愛されて、大切にされて当然なのよ。だから、それをちゃんと伝えていきたいなって。

まあ、弁当ワゴンはそれとは関係ないかもしれないけどさ。『あなたの』じゃなくて『私達の』の方が温かみを感じるかなって。一緒に成長していくワゴンなんですよ、的な」

いつになく饒舌に話す民子の思いに華子も打たれた。

「わかった。でも、『ランチ』じゃなくて、『キッチン』なのはなぜ？」

「それは、」

と、何かを話し始めようとして、民子は顔を赤らめた。

「……今はやめとく。夢ばっかり話していても仕方ないし」

『アワ・キッチン』の最初のメニューは野菜をたっぷり添えた冷しゃぶであった。がっつり系ではなく、女性受けするメニューから始めたのには理由がある。例のマンションギャラリーで働くブリリアントの受付スタッフに購入を促すためである。リーダーとして働く優香はもちろん、若い学生スタッフたちも皆、華子に恩義のあるメンバーばかりである。若く美しい彼女たちが、『アワ・キッチン』と書かれたビニール袋をさげて歩く様は、オフィス街では目を引いた。（クライアントが女性スタッフの年齢にこだわるのにはこういう理由があったのか、と華子も開眼する思いだった）どこかのオフィスのひとりが、弁当を買ってくれればその情報は数十人、数百人に広まっていく。1週間もしないうちに、人手が足りなくなり、華子と民子は調理と販売を手伝うスタッフを雇わなければならないほどだった。

もうひとつラッキーだったのは、例の物件の高圧的なリーダーが地方転勤になった事だった。かわりにやってきたのは、みなとみらいの物件のチャラ営業・佐藤である。佐藤は営業成績を伸ばし、ついにリーダーへと出世したのである。佐藤の登場は優香の心に若干の波風を立てたが、『アワ・キッチン』にとっては好機だった。不動産の営業マンは自由な時間に休憩をとるのが難しく、自宅から弁当などを持ってくる者も少ない。佐藤は営業マンたちの弁当を定期発注してくれたのである。

「この手があったか！」

ここから先は華子の得意分野だ。不動産時代の人脈をフル活用して「日替わりのお安い宅配弁当」の営業を始めた。扱う不動産会社の本社は都心にある場合が多い。かつて晴海のギャラリーでお世話になった小暮リーダーは、栄転し、現在は本社勤めになっていた。華子の手腕を高くかっていた彼は、社内の会議や勉強会の時に必要な弁当を『アワ・キッチン』に発注してくれた。メニューは一種ではあるが、従来の弁当屋よりは格安であるし、日替わりであれば飽きる事もない。


こうなると華子にはワゴンに構っている時間はなかった。ワゴンでの弁当の販売は民子に任せた。民子は「たかみや」の老夫婦のアドバイスを素直に受け、メニューを考え、出荷する弁当の個数を調整する。調理や販売のスタッフには民子と同じように年齢が理由でブリリアントに解雇された中年スタッフたちを雇った。アルバイトで多くの職業をしてきた中で築かれた経験と人脈、そして謙虚な人柄と常に学ぼうとする姿勢が、彼女を『経営者』として育てていった。

そして民子には、他にも頼りになる仲間たちがいた。洋の放課後居場所事業や、子ども食堂の手伝いで知り合った、『不登校の子供たちの母親』たちである。

不登校の子供がいる家庭の母親は、フルタイム勤務が難しい。幼い子供だけを家に置いて働きに出る事を不安に思う母親も多いし、中には母親や父親が同伴しないと学校に行くことが難しい子供たちもいる。

弁当の仕事は早朝の調理から、ランチにむけての積み出しまでが、一番人手が欲しい時間である。その時間だけ働きたい、その時間だけなら働ける。そういう人材が『不登校の子供たちの母親』には多くいたのだ。彼らには短時間のアルバイトとして勤務してもらった。朝の職場に子供を連れてくる事もOK。小学生はもちろん、その弟や妹の未就学児たちもいる。「たかみや」の老夫婦は、そんな子供たちに簡素なおにぎりの朝食を振舞い面倒を見た。

「うちの孫、九州だからめったに会えないのよ。だから、嬉しくて」そう微笑むご夫婦もなんだか若返ったように見えた。

この「朝のおにぎり」に着目したのは洋である。「こども食堂」をサポートする団体と連携をとり、寄付を募って、学校に行く前の子供たちに朝ごはんを提供する「こども朝食堂」を開く事にしたのである。「たかみや」の前にはベーカリーカフェがあるのだが、オープンは11時である。それまでの時間、スペースを貸してほしいと相談すると「そういう事なら、こちらのパンも提供させてほしい」という話になった。前日に売れ残った分のパンで、十分に食べられるものがあるから、と。

こうして「朝食を食べられずに学校へ行く」子供たちの憩いの場ができた。おにぎりもパンもあるので、偏食の子たちも大喜びだ。もちろん、言いがかりをつけてくる人もいる。家で食べるから、パンをよこせという人もいた。中には保育園児や幼稚園児を早朝においていき、園までの送迎をスタッフに押し付けようとする非常識な父兄もいた。善意の無料であるというだけで群がり、その善意につけこみ、自分たちの欲を通そうとする。そういった輩を見て、華子はどれほど悲しく、寂しく思った事だろう。声を荒げそうになった事もある。

だが、それ以上に、腹を満たした子供たちの笑顔はまぶしい。土方歳三に憧れるチャンバラごっこの大樹も、この食堂の常連である。バラ色の頬でカラカラと笑う大樹の笑顔。もちろん、キッチンワゴンは営利目的で始めた事だが、それが様々なつながりを生み、子供たちの笑顔や未来に繋がっている事が華子はとても嬉しかった。昨晩終わらなかった宿題を洋に相談する子たちもいる。洋もまた、きらきらとした少年らしい笑顔を取り戻していた。

これでいいのだ。「論語」を貫くっていうのは、こういう事なんだ。

民子もまた、同じような充実を覚えていたようだ。

「ねえ、華子ちゃん。朝のこども食堂を見て、もしかしたら、私の考えている事、うまくいくんじゃないか、夢で終わらないいんじゃないかって気がしてきたの」

「??　何、話して」

「ほら、華子ちゃん言っていたでしょ？　なんで『ランチ』じゃなくて、『キッチン』なんだって。……私ね、ワゴンで朝ごはんを販売してみたらどうかって、ずっと思ってたんだよね」

洋を妊娠する以前の事、民子は仕事で台湾に行ったことがあるという。台湾では気候の問題もあり、家で主婦が調理をする事はほとんどない。その代わり、安価に食事が売られている屋台が多くあり、そこで食事を済ませたり、買って持ち帰ったりするのだという。

「夕食だけじゃなくて、朝食もそうなの。会社の近くにそれこそ、屋台があって、具沢山のおにぎりなんかが売られているの。日本のおにぎりみたいに丸くなくて、細長く握られている中に煮卵とか、お肉とか、青菜とかいろいろ入っていて、」

「栄養バランスがいい」

「そう！ いろいろ難しく考えなくても、おにぎり1つでいいのよ。

朝のコンビニでおにぎりやサンドイッチを買って、会社で手軽に朝食を済ませている若い人って多いと思うんだ。そういう人にニーズないかなって……」

そうなると、朝用と昼用のワゴンを2台動かす必要がある。だが、どちらにせよ、ワゴンの数は増やそうと思っていたところだ。（他のオフィス街でもこのビジネスモデルがうまくいくと感じていたからである）今、働いているスタッフの中にはアルバイトではなく、フルタイム勤務で働く事を希望している人もいる。人材には困らない。多少の借金はする事にはなるが、華子は事業を拡大する事を決意した。

そして、そのタイミングで民子は調理師免許の取得を決意したのだ。

「これから、ワゴンだけでなく、お店を開いたりする事もあるかもしれない。調理師免許があれば食品衛生責任者にもなれる。いつまでも『たかみや』のおじいちゃんに頼っているわけにもいかないし」

まさに有言実行した。それが冒頭のお祝い会である。

「ちょっと、みんな、民子さんの事ばっかり褒めすぎ！　優香も褒めてよ！　見てみて、この料理！」

ケーキの周りにはおしゃれな箱詰めの料理が並んでいる。一見、フラワーボックスのようだが、実は中には料理が詰められている。アワ・キッチンの新しい商品『パーティーボックス』だ。

会議や勉強会への仕出し弁当を受ける中で、華子と民子は「パーティー料理の宅配」のサービスを思いついた。いわゆるパーティーはもちろん、オフィスでの歓送迎会などのニーズがあるのではないか？　と考えたのだ。だが、なかなかうまくいかない。既存の弁当店などでもオードブルのデリバリーや販売は行っており、差異を付けるのが難しかったためだ。この商法をうまくいかせるためには「何か」が必要だ。究極でなくてもいい。他とは違う「何か」。オーガニック食材？　グルテンフリー？　それとも肉盛り？　どれも類似商品がある。アワ・キッチンにしかできない「何か？」は何か？

ヒントは優香からもたらされた。

「あのねぇ、パーティーはパーティーなんだよ。それがどんな小さなパーティーでもスペシャルで晴れやかなものなの。こんなダサい盛り合わせ、売れるわけないじゃん。もっと晴れやかでないと！」

「高級食材使えってこと？　それは予算が……」

「違う。違う。アフタヌーンティーと同じだよ。ほら、アフタヌーンティーのスイーツって、ひとつひとつは別に普通じゃない？　でも、ああやってスタンドに盛り付けられる事で、なんともいえない特別感があるじゃない」

確かにそうだ。スタンドに飾られたスイーツをすべて平面に並べてみたら、どこにでもあるデザート盛り合わせに過ぎない。価格はだいぶ変わってくるだろう。

「でも、スタンドにおかずを盛り付けるのは現実的じゃない。デリバリーが大変だし、その場でスタッフが盛り付けるにしても、技術に差がでるだろうし……」

その時、民子がつぶやいた。

「お重、だったら？　ほら、お節料理ってお重に入ってるじゃない。別にたいしておいしくもないのに、お重に入ってるだけで、高級感あるっていうか……」

「あー、分かった！　ねえ、民子さん、なんか箱ある？　お菓子が入っていたような高そうな箱？」

民子は菓子箱を取り出す。

「！　え、なんで都合よく箱が出てくるの？」

「小学校とか中学校って、急に工作用の箱とか、サランラップの芯を持ってこいとか言われるのよ。だから、なんか捨てられなくて」

その間に優香はコンビニにサンドイッチを買いに走る。どこにでもあるなんの変哲もないサンドイッチ。素早くそれを切り分けると、優香は箱にそれをつめ、民子のキッチンにあったフルーツとミニトマトを盛り付けた。

「ほら、こうするだけで可愛くない？」

確かに‼　何の変哲もないサンドイッチがちょっとしたプレゼントに見える。

「食用のラメとか花びらを散らしてみたら、もっといいね。箱は白とか黒の簡素なものにして、金でメッセージを書き込むとか……」

「これだ！　これだよ」

「でね、会社での送迎会とかじゃなくて、お家でやるホームパーティーをターゲットにした方がいいと思うんだ。ほら、お家飲みってセンスが試されるじゃない？」

「そうなの？」

優香は頷く。いい感じになった男性を最初に部屋に招く時が勝負なのだと。

「そんな時に肉じゃがなんか作らないよ。みんな、デパ地下でおしゃれな総菜買ってきて、あたかも自分が作ったかのように白い皿に盛り付けてる。まあ、男の方も分かってるだろうけど」

「！　ホームパーティーが必要なご家庭にもニーズがあるかもしれないね。これなら準備や後片づけがいらないもの。家庭の主婦がどれほど助かることか！」

ちょうど優香はブリリアントを辞めたがっていた。物件のリーダーが短い期間とはいえ付き合っていた佐藤になったのも気になっていたし、どうやら佐藤が最近婚約したらしいという噂にも傷心していたのだ。華子は優香を「広報」としてアワ・キッチンに招聘した。

「失恋したから呼ぶんじゃない。室井優香のセンスを買っているの。アイデアをどんどん出してほしい。それに見合ったお給料は出せると思う」

「マジ？　そんな楽しい事が仕事でいいの？」

優香のエンジンが火を噴いた。箱のサイズは大、中、小の三種類。小は2人前のオードブルが入っていて、お家デートにもぴったりのサイズ。大の方は1箱で5人前。複数頼む事で人数対応もできる。箱は高級感あふれるシャンパンカラーと黒も用意した。好みで色を選ぶ顧客もいたが「法事のお料理なので」と黒い箱を好まれる方もいた。

もうひとつのこだわりが紙袋である。通常、アワ・キッチンではお弁当を渡すのにスーパーやコンビニなどで使っているビニール袋を使っている。だが、優香は紙袋にこだわった。それも高級な素材のしっかりしたものだ。

「ブランドショップの紙袋って、それだけで転売されるくらい価値があるんだよ。

ヴィトンやシャネルのショッピングバッグをエコバッグとして持ち歩いている人もいるくらい。このランチボックスにそれだけの価値を持たせるの。値段だって高くしていい。日常使いには『アワ・キッチン』のお弁当があるんだから！

ブランド名も変えてもいいのかも。高級路線のセカンドラインってことで」

こうやって誕生した『アワ・キッチン　リュクス』は、高級感のある箱詰め料理が売れて今や大ブレイク中だ。カトラリーや調味料の開発もしていきたいと優香は忙しく過ごしている。もちろん広報の仕事もぬかりない。アワ・キッチンのロゴや広告も一新し、SNSでも発信している。

思えば、優香はどんな時でも手を抜かない女だった。それはもちろん異性の気を惹くためだったかもしれない。だが、華子と2人で部屋飲みする時ですら最新流行のマカロンを手土産に、磨いたシャンパングラスを用意する。そういう女性だった。そういった生き方が今、アワ・キッチンで花開こうとしていた。

順風満帆。そういえるだろう。だが、こういう時こそ気を引き締めなくてはいけない。ここで調子にのって、適当な事をしたら人は離れていく。客も離れていく。信頼を築くのには時間がかかるが、失うのは一瞬だ。一派遣スタッフとして働いていた時の思いを忘れてはいけない。合本主義でいうなら、今、「アワ・キッチン」で働いてくれている全てのスタッフのおかげで現在の成功があるのである。彼らがちゃんとした報酬を得られているか、満足しているか、そして、何をしていきたいのか。華子はしっかりと把握し、見守る必要がある。

その時、華子のスマホが鳴った。メールでもSNSでもない。電話の着信である。なつかしのブリリアントからだった。

翌日、渋谷。ブリリアントの本社。呼び出された華子がひとりやってくる。連絡をくれたのは取締役の吉永だった。ブリリアント社長の津田沼が、折り入って華子と話したい事があるという。「そちらが話したいのであれば、そちらから出向くように」と言ってやりたいところだったが、それは飲み込んだ。この令和では華子はまだまだひよっこの実業家。諸先輩には敬意を払わねばならぬ。

ガラス張りビルの高層階にあるオフィスは、相変わらず全てのブラインドを下ろしていて、なんだか息苦しい。さらに、以前よりもよく分からない荷物が増えて、フロアが狭苦しくなっている気がする。「そういえば、横浜オフィスは閉じて、渋谷の本社だけになったんだっけ」積まれた段ボールは横浜オフィスから送られてきたものなのかもしれない。それを開封して片づけるスタッフもいないのだろうか？

「一栄さん、はじめまして。以前はうちで頑張ってくれていたんだってね」

吉永に案内された社長室の奥の椅子には、ブリリアント代表取締役社長、津田沼康介がいた。高級スーツを着てはいても、弥田真凜とは器が違う。華子にはそれが一目でわかる。

「はい。その時にお会いできる機会がなかったのは残念……」

「お前さ、自分が何やってるか分かってんのかよ！」

華子の挨拶を遮り、津田沼は突然声を荒げた。初対面の男に「お前」などと呼ばれる覚えはない。華子は落ち着いた微笑で津田沼を見る。それが津田沼の怒りに火を注いだようで、津田沼は一気にまくしたてた。

とても論理的とはいえない文章を感情のまま一気にまくしたてられ、時には汚い脅しの言葉も混じっているため、内容を咀嚼するのは難しい。だが、一栄華子も昨今の客商売で理不尽な言い分を聞くのにも慣れてきている。津田沼の話を要約すると、まず第一に華子は「ブリリアント契約時の規則」に違反し「ブリリアントから人材を盗み」、「ブリリアントのビジネスチャンスを奪った」というのである。

「こっちには専門家がいるんだ！　お前覚悟しておけよ！」

「お言葉ですが、津田沼社長、『契約時の規則』とはなんでしょうか？」

「ブリリアント就業時に得た個人情報は、退職後も守秘義務がある。契約書にそう書いてあったでしょう？」

吉永が冷たい声で言い添えた。

「？　私はお客様の個人情報を誰にも漏らしていませんが？」

「バカ野郎！　スタッフや取引先も個人情報だ！　お前、うちのスタッフ引き抜いただろ！」

はぁ？

民子は「引き抜いた」のではない。クビになったから、声をかけただけだ。確かにブリリアントから移籍してきたスタッフもいるが、それは本人の意志によるものだ。フォーダイヤモンズに移籍したスタッフと変わらない。

「それにクライアントの不動産会社に弁当を売りつけにいっただろ！　うちの勤務中に得た情報だ。契約違反なんだよ。これは！」

おそらく契約違反ではない。だが、それを今ここで言っても仕方がない。

「なるほど。それで、この一栄にどうしろと？」

おとなしく、そう答えると津田沼の表情が変わる。こんな小娘、ちょろいもんだと思っているのだろう。

「いやね、うちだって事を荒立てたくはないんだよ。一栄さんが頑張ってくれていた事は、吉永から聞いてるし。オフィス街での弁当ビジネスって、実は俺も考えていたんだよね」

はぁ？　はぁ？

「うちはマックス時にはさ、1日に1000人派遣稼働してたから。そいつらの日給から昼食代ひいて、弁当配れば、その中抜きだけで、凄い儲けでしょ？」

「お言葉ですが、スタッフには自分の好みの昼食を食べる自由があります」

「いやいや、そこはさ、守秘義務がある情報のある場所だからってことでさ、外出禁止にすればいいじゃん。だから、こっちが配った弁当食えって」

なんと悪辣な。だが、そのような方法で金を儲ける方法があるのも事実である。渋沢栄一としては嘆かわしい事だが。もちろん華子はそんな思いはおくびにも出さない。調子にのった津田沼は続ける。

「俺と、組まないか？」

「あなたと？」

「そうだ。ブリリアントの子会社になれ。そうしたら、契約違反の事は見逃してやる」

ダメだ。口から火を噴きだしてしまいそう。じぶんがあの有名な怪獣だったらそうするだろう。華子は、すーっと息をはき、気持ちを落ち着けると、

「そうすると、どういうメリットが私にはあるでしょうか？」と続けた。

「うちはお宅とは資本が違う。一気に大きく事業を広げる事ができる」

「それは確かに魅力的ですね」

「あと、人材だな。うちは派遣のノウハウがある。今、おたくの人件費ってこの

くらいだろう？」

津田沼は電卓をたたいて数字を見せた。実際はその1・5倍はかかっている。だが、面倒なので「さすが社長。ご賢察ですね」と答えた。

「だろう！　うちと組めば事業を広げて収益をあげられる上に、人件費を削れる。安い人材をうまく使って儲ける。もちろん、あんたに悪い思いはさせない。うちの取締役として迎える。どうだ？」

てかてかと油ぎった顔で津田沼は笑っている。その横で吉永は冷たい顔で華子を見下ろしていた。いつか正社員の誘いを断った事を恨みに思っているのだろう。

「安い人材……」

「え？　何、聞こえないよ！」

「安い人材など要りません」

華子は静かな、だが、大きな声で言い放った。

「わが社に必要なのは安い人材ではなく、大切に使える人材です。

このオフィスをごらんなさい。安い人材を使い捨て、人を大切にしなかった結果、ブリリアントはどうなりましたか？　今期の収益はいかがでしたか？　株価は?」

痛い所を突かれて津田沼の顔はみるみる赤くなる。

「それに私は人材を盗んでなどいません。あなた方が解雇し、契約を終了した人材に声をかけただけです。ねえ、吉永さん。私、以前、言いましたよね。戸山民子さんを正社員にすべきだと。あの人にはそれだけの価値があったんです。そのことは、今、うちの会社での彼女の業績が証明している。それなのに、あなたは正社員に迎えるどころか戸山民子さんとの契約を打ち切った。違いますか?」

津田沼は吉永をにらむ。華子が民子を正社員に推した事など聞いてもいないのだろう。

「で、でも、クライアントは? 一栄さんあなた、クライアントの営業マンに個人的に連絡したでしょ?」

「そ、そうだ。個人情報を盗んで、利用したんだ」

華子はもう一度、すーっと息を吐いた。

「おっしゃりたい事はこういう事ですか? 職場でオフィシャルに知り合った方とは個人的な連絡をとってはいけない。個人的な関係を持ってはいけない、と？」

「当たり前だろ！　そのための契約だ」

「わかりました。では、まずは吉永さんに懲罰が必要ですね。あなた、他社でコンパニオンをやっていた時に、現場で知り合った津田沼社長に個人的な連絡をしてブリリアントに入社しましたよね。しかも、十数年にわたって個人的な関係を定期的に持っている。これも契約違反では？　ブリリアントの副社長である津田沼さんの奥様にご報告いたしましょうか？」

「そ、それは……」

見る見るうちに吉永の顔が赤くなる。津田沼は爆発する寸前だ。

「貴様！」

「失礼ながら津田沼社長。この一栄はあなた様から『お前』とか『貴様』などと呼ばれる筋合いはございません。初対面の女性にこのような扱いをする輩をビジネスパートナーとして信頼する人間がどこにいるのか！　人を人扱いしなかった結果が今の御社の惨状ですぞ！」

「！」

「家賃が高いだけのこんな息苦しいビルを借りる金があるなら、まずはスタッフに還元なさい。**お金はうまく集めて、使え！** 以上」

「な、」

何も言えなくなった津田沼と、今にもぶっ倒れそうな吉永を背に、華子は社長室を後にした。高層ビルのエレベーターホールは相変わらず息苦しかったが、今だけはなんだか涼やかな風が吹いているような気がした。

第八章

渋沢栄一、到達する

高級ホテルが素敵なのは、非現実的な空間だからだろう。

日常から離れた優雅なひと時を求めて、人はホテルにやってくる。

年末のこの時期は、彩るイルミネーションやロビーの豪奢なクリスマスツリーも非日常に拍車をかける。ホテルという空間の魅力が輝くシーズンである。

その中でも、最上級の非日常を提供する某ホテルのバンケット。集まるのは日本の経済界の重要人物ばかりである。ブリリアントの津田沼のような小物はいない。一流の人間だけがかもしだす余裕と、ひきしまった緊張感がパーティー会場には満ち溢れている。

用意されたステージの中央でスピーチしているのは弥田真凛である。

やはり、彼女にはこのような晴れやかな場所がとても似合う。まばゆいライトの下、いつものように白スーツに身を固めた彼女は、まるで自身が上質な真珠のように光り輝いていた。

「……というわけで、これからの経済界には女性の力が必要です。私自身もそれを証明していく存在であり続けたいと思っていますが、それに続く若い力も信じたいと思っております。

では、私の話はこれくらいにして、本年度の『ウーマン・オブ・ザ・イヤー』を発表いたします。

実は、今回の審査は大いに揉めました。受賞者でない方を推す声も多くあり、『え？　なぜ私が受賞しないの？』と思っている方もいらっしゃるでしょう」

と、真凛は悪戯っぽく、会場内にいた別の女性経営者に目配せをする。シャネルスーツに身を包んだ、その女性経営者は「やれやれ」と苦笑を浮かべて、真凛を見る。会場内が上品な笑いに包まれる。

「今回の受賞者は事業を始めてまだ一年ほど。実績を順調に伸ばしてはいますが、可能性は未知数です。ですが、その勢いとスピード感を我々は評価しました。

また、彼女は事業を始める前は一派遣スタッフでした。アルバイトが企業の社長に大抜擢された話とは違います。何もないところから、自分たちのアイデアで普通の女性が事業を始めた。その事に可能性を感じます。

私は以前『選ばれる女性になるために』という本を出しました。でも、彼女を見ていて、気が付かされたのです。

誰かに選ばれるためには……まず自分が自分を選ばなければならない。自分を信じなければならないのだ、と。

今回の受賞者は今を生きる多くの女性に希望を与える存在になる。私にはそう思えてなりません。

話が長くなりましたね。それでは、発表いたしましょう。

本年の『ウーマン・オブ・ザ・イヤー』は株式会社アワ・キッチン、代表取締役社長、一栄華子さんです」

サテンの黒いミニドレスに身を包んだ華子が壇上に現れ、真凛からトロフィーを受け取る。昨年の『ウーマン・オブ・ザ・イヤー』から今年の『ウーマン・オブ・ザ・イヤー』へ。歴史が引き継がれる瞬間。多くのマスコミのカメラがフラッシュをたく。眩しい。思わず目をつぶりそうになるのを、華子は渾身の思いで堪える。これから先、自分はもっと強い光を浴びていく事になるのだろうから。

それにしても。

この2ショットが渋沢栄一と岩崎弥太郎だとは誰も思ってないだろうな。真凛も同じ思いだろう。

「受賞おめでとう。まあ、あなたは、こんな賞なんとも思ってないだろうけど」

パーティーの後、ホテルの高層階のラウンジに招かれた華子は真凜と向きあった。

「思っています。……やっぱり高いところから見える風景って悪くないです」

「よく来たわね。ここまで」

「はい」

「私の完敗ね」

「そんな事ないです。事業の規模では、まだまだ」

「でも……」

真凜は用意されたシャンパンをあおった。

「あなたは、人を育てたもの。室井優香さん？　先日、私もお世話になったわ」

「ああ、見ました。これ、これですよね……」

華子はタブレットを取り出し電子書籍をめくる。富裕な専業主婦とバリキャリ高収入女性のバイブルと呼ばれる人気雑誌『ジェリィ』の最新号。巻頭のグラビアページは弥田真凜の新居のホームパーティーの紹介であった。白いソファに腰かける弥田真凛。その後ろにはダンディな実業家の夫と、東大在学中に自身で起業したという自慢の息子がシャンパングラスを掲げている。そしてもう1人、真凛とグラスをあわせている巻き髪のチャーミングな女性……そう室井優香であった。

「アワキッチン　リュクス」の箱詰めパーティー料理を宣伝するために開設された優香の新しいインスタグラムはあっという間にフォロワー数を増やしていった。その反応の大きさに驚いた彼女は、自身の丁寧な生活や、こだわりのファッションやメイクをも紹介するようになる。それが大きな注目を浴び、様々なジャンルから商品のプロデュースやコラボレーションを持ちかけられるようになった。

そして彼女の評価を決定的にしたのは、ある結婚式のプロデュースである。

懐かしいみなとみらいの物件で、優香が一瞬だけ付き合っていたチャラい営業マン・佐藤。彼が優香と同時に、女子大生の派遣スタッフ・太田と付き合っていた事を読者の皆さんは覚えておいでだろうか？　そう、弥田真凛にサインをねだったあの野心的なスタッフである。

太田は、佐藤と優香の間にあった事は何も知らなかった。それで、結婚が決まった時に、優香に結婚式のプロデュースを依頼したのである。それなりにフォロワー数があるとはいえ、優香がパーティーのプロデュースをするのは初めて。実績もない。「なぜ、私に?」と問う優香に太田はこう答えたという。

「私、自分のセンスにだけは自信があるの。私がいいと思ったものは必ず売れる。私、妊娠もあって就職活動うまくいかなくて……。だから、結婚式は絶対に成功させたい。今まで誰も見た事がないようなおしゃれなパーティーにして、孫の代まで自慢したいの。そのためには優香さんのセンスが必要なの!」

ここまで言われて心が動かない女がいるだろうか? 結果、パーティーは大成功。優香は独立し、パーティーのみならず様々な商品をプロデュースするように。今は自身のコスメブランドを立ち上げるべく慌ただしくしているようだ。

* * *

「室井優香も、あのみなとみらいの物件で受付嬢をしていたんですってね。

私、まったく気が付いていなかった。あんな凄い才能がマンションギャラリーの派遣スタッフの中に埋まっていたなんて」

ウェイターが真凛に2杯目のシャンパンを注ぐ。

「派遣受付嬢だ、というだけで、偏見の目で見ていたのかもしれぬ。それだけでも、今回はお主に完敗じゃ。栄一」

「いえいえ、室井優香に関しては、私も計算外じゃった」

華子もまた新しいシャンパンをオーダーし話し続ける。

「あの子は確かに丁寧な生活をしていた。何かとセンスもよく、女らしい。でも、だからこそ、あんなに仕事に夢中になると思わなかった。この渋沢が初めて会った時は、とにかく結婚したいと焦っていたのだから」

「あの優香が？　今は結婚も恋愛も眼中にないぞ？」

「本当に。ワシも信じられないのじゃ……」

元彼、佐藤と太田の結婚式を大成功に終わらせた時、優香は自分が何も感じてない事に気が付いたという。「強がりじゃなく、本当に何も感じなかったの。佐藤さん、別に私の好みのタイプじゃないじゃん！　って気が付いちゃったというか……」あの時の優香の寂しそうな、でも満足そうな表情を華子は忘れる事ができない。優香は「恋愛」がしたかったのではない。「安定をくれる男性」と結婚という契約がしたかったのだ。そのために「恋愛」をしたがっていた。結婚が安定につながる道だと信じていたからだ。

だが、「結婚」がなくても優香は「安定」を手に入れる事ができた。もちろん、高収入でも結婚を求める女性もいるだろう。だが、優香は違った。成功を手にした結果、優香の心からは結婚への憧れがまったくなくなってしまったのだ。今は某韓流のアイドルの推し活に夢中で、毎週のように仕事と観光をかねて韓国へ行っているようだ。

「やっぱり、私、きれいなものが好きなんだよね。普通の男の人と付き合うより、きれいな男の子を眺めている方が幸せみたい」

そう言う彼女の表情は、自信と幸せに満ちていた。あの結婚願望の塊だった優香がここまで変わってしまうとは。成功は彼女を別のステージへ連れていってしまった。

「……それが人を育てる力だ。栄一、お前には人の力を引き出し、変える力がある」

真凛は再び『ジェリィ』の巻頭ページに目を落とす。そこには真凛の息子、弥田慧が映っている。

「慧はね、大学を出たらうちの会社の取締役に迎えるつもりやった」

「……私は知らなかったのです。まさか、あのさとちゃんが、あなたの息子、弥田慧くんだなんて……」

「写真も似ても似つかんしね」

真凛は自嘲した。雑誌の中の慧は美肌修正をし、すこしばかり顔を小さくしている。確かに美男にはなっているが、これが「さとちゃん」だとは洋も気が付かないかもしれない。

「修正なんて必要ない。さとちゃんはさとちゃんのままで魅力的な男の子です」

「……きっと、それを母親のワシが分かっちょらざったんやね」

さとちゃんは、自動的に母親の会社で職を得ることに疑問を抱いていたという。本当にそれでいいのか？　それが自分がやりたい事なのか？　と。それで他の学生たちの起業を手伝っていたのだ。彼は今春、大学を卒業予定だが、フォーダイヤモンズには就職せず、洋と一緒に放課後居場所事業を立ち上げるという。真凛にとってはショックな決断だった。

「ここまで会社を大きゅうしたのは、慧に継いで欲しかったき」

「お気持ちは分かります。でも真凛さんが自分の好きな仕事を選んだように慧くんにも好きな仕事を選ぶ権利があるのですよ」

真凛は寂しげな笑みを浮かべる。フォーダイヤモンズに入社しないさとちゃんに、真凛は実家をでるように命じたという。実家に頼らないと決めたのなら、自分の生活の分は自分でなんとかしなさいと。それは真凛にとって苦渋の選択であっただろう。だが、それが、彼女のけじめなのだ。なんと強い女性であろうか。華子は感嘆する。その強さがあるからこそ、彼女はここまで来ることができたのであろう。

「華子さん、ワシが慧になんて言われたか知っちゅうか？　**目的には理想が伴わなければならない**」

「**その理想を実現するのが人の努めである**」

真凛は言葉をつづけた。

「これも華子……いや、渋沢栄一、お主の言葉やったな。ワシの息子が渋沢栄一の言葉を座右の銘とするとは、なんたる皮肉やろう」

真凛はシャンパンをあおった。

「これまた、ワシの完敗や。笑うがええぞ、栄一」

「ですが、私はそうは思わないのです」

「？　そがな同情はいらん」

「同情ではありません」

華子もまた、自分のグラスに三杯目のシャンパンを注ぐ。

「私は、さとちゃんの事がずっと不思議でした。あれほど恵まれた環境にありながら、なぜ、自分とは違う境遇の子供たちを助けようと思うのか。その存在に気付かず、自分の楽しみだけに生きている学生だって大勢いるのに……」

「まったく、……誰に似たがか。まこと私の子とは思えん」

「でも、それはやはり、真凛どの、あなたのおかげなのです」

「はあ？　どういて？」

「一人だけ富んで、それで国は富まぬ。これは、私こと、渋沢栄一の名言です」

「ふん。自画自賛か」

真凛は皮肉を言う。だが、華子は真剣だ。

「私はずっと思っておった。だからこそ、岩崎弥太郎殿と対立してまでも、合本主義を主張し、稼いだ金は投資し、経済を回し、個人の豊かさより、この国の豊かさ、国民全体の豊かさこそが大事なのだと信じていた」

あの屋形船の時と同じように2人のまなざしは真剣だ。

「だが、令和の世にきて……庶民にはそんな事を考える余裕がない事を思い知らされた。国の富の前に、まずは自分の富。自分の安定こそが大切であると」

「なるほど。一理あるな。己が足らんと、『国』の事を考える余裕らあない」

「そう。民子さんや優香、派遣の受付スタッフと交流する中で、その事を思い知らされたのです。まずは『1人』が十分に暮らせるだけの富、余裕を得る事が大事なのではないかと」

「うむ」

「だが、慧くんは違う。彼は最初から『富』を十分に与えられていた」

「ああ、あの子には何ひとつ不自由な思いをさせたことはない」

「でも、だからこそ、余裕があったからこそ慧くんは国の富の事を思いそのために働く事ができたのではないか、と」

「！」

「だから、やはり、慧殿があのように育ったのは、真凛殿、あなたの力なのです」

華子の言葉を聞きながら真凛は静かにグラスの中のシャンパンを飲み干す。その目は優しい母親のものだった。

「明治の世で、私たちは対立しておりました。私は合本主義で皆の富、国の富を求めた。あなたは個人で富を独占することを求めた。

そのどちらも正しいいし、間違う事もある。私、渋沢栄一はその事を学ぶためにこの令和にやってきたのだ。今はそう思っております」

そう言うと、華子は真凛に深々と頭を下げた。

「色々とご教示いただき、心からありがたい」

「まったく……渋沢、お主という奴は。

なんと素直に、柔軟に他者から学ぶがよ。それが、お主の長所である事は認める。だが……純粋すぎる」

ウェイターに指示して、真凛は新しいシャンパンを用意させる。すっかり酔った彼女は、あの頃の口調になっていく。

「慧のように高潔な魂を持った者ばかりじゃなか。現に、富を得た優香は、国の富の事らあ考えず、アイドルに貢ぎ、己の私欲を満たしとるじゃなか？　そがな者の方が多数。今のように純粋なままやと、きっと、お主は今後失望するぞ」

真凛がそう言うであろうことは華子も予想していた。そして、それはおそらく真実であることも。金が人をどれほど狂わせるか。もちろん渋沢だって知っている。でも、だからこそ、渋沢は人を信じたい。

「そうですね。彼女たちがこれから『国』の事を考えるかどうか、保証はありません。でも、慧くんの存在は、この渋沢に希望を与えるのです。生まれた時から、経済的にはなんの苦労もしたことがない、そんな彼が、『国』を思い、自分の理想を持ち、それを叶えようとしている。そのために不必要な『富』も手放そうとしている。

これが、本来の『人』の姿ではないでしょうか？

渋沢は『人』を信じたいと思うのです」

「……」

「それにその兆しはあります。戸山民子をご存じでしょう？　御子息のパートナーである中学生・戸山洋くんの母親です。彼女はシングルマザーで、それこそ、自分の経済の安定の事だけを考えてきた女性でした。

そんな彼女に先日言われたんです。キッチンバスを利用して、地方都市の給食を援助する仕事がしたいと。

今、小中学生の給食の格差が問題になっている。同じ給食代を徴収していても調理者、業者によって提供される内容が全く変わる。場所によっては、給食を提供する事すら難しく、撤廃を考えている学校もあると」

「だが、そがなんを援助しても利益は少ないだろう。どういて？」

「シングルマザーである彼女が給食に助けられてきたから、だそうです」

「！」

「弁当ビジネスと比べて、利益が少ないのは分かってる。でも、今の子供たち、母親たちを助けたい。せめて1食だけでも、子供たちがなんの心配もなくおなかと栄養を満たせる事に協力したいと。岩崎殿、この1人の母親の思いをあなたはどう思いますか？」

「……」

「渋沢は確信しました。そうだ経済の中心にあるものは『人間』なのだ。そうでなければならない！　と」

「わかった、栄一。お主は自分の道を貫くがよい。

『人間』が大事。それも一理。だが、『金』にしか解決できん事もある。もしも「金」で勝負せんとならん時がきたら、この弥田真凛は自分の資産をいつでもこの国のために投げ出すつもりや」

「！　岩崎殿！」

「やり方は違えど、この日本いう国の未来を思う気持ちは同じ。栄一、その事をお主に知っちょいて欲しかった。ほんじゃあきに、今日、お主をここに招いたがじゃ」

「……ありがたき幸せ」

2人は再びグラスにシャンパンを注ぎ、乾杯をした。

「まあ、ワシは頑固な人間。渋沢栄一のように素直に誰かの影響を受けたりせん。きっと、お主から見たら面倒な人間やろう」

「果たしてそうでしょうか？」

「どういて、そう思う？」

「以前、真凛殿は、このみなとみらいのペントハウスを転売のために購入されたとおっしゃっていました。投資であると。

だが、結局、ここに住むことにして、ホームパーティーまでした。中古住宅となれば資産価値はがた落ちです。これは、この渋沢の影響では？」

「そりゃまあ……ワシも高い場所が好きなのちゃ。バカは高い場所が好きというが、そりゃ違うな。高い場所が好きながは高い志がある証拠や。その一点で、お主と自分は似ているかもしれん」

「はい」

2人は顔を見合わせ、微笑みあう。どちらの頬も赤く、呂律も怪しい。気持ちよく酒が回っているのだ。

良い夜だった。

「もう一つ、ワシはお主に負けたことがある、渋沢」

「なんですか？」

「……一万円札。どうだ、自分の顔が印刷された札を見る気分は」

「もう1年半ほど前でしょうか、最初、令和の世に来て、自分が一万円札になると知った時は……」

華子は周囲に気を配りながら、小声で話す。

「とても興奮しました。名誉だとも思いました。でも、実際に目にしてみると、ああ、確かに自分の顔だな、それだけです」

「余裕を見せゆーな！」

「そういう事ではないのです。お札の事よりも、今、目の前で起こっている事の方が楽しい。一栄華子として取り組んでいる事業の方が、今の私には意味があるのです」

「ほう」

真凛は興味深く華子を見た。

「そういえば、渋沢の大河ドラマがあったでしょう？」

「また自慢か！　どうせ岩崎弥太郎は大河ドラマの主役にはなっちょらん」

「いえいえ、自慢ではなく、事実ですから、すみません。でも、実は、あのドラマ、私、途中で見るのをやめてしまったのです」

「どういて?」

「……私自身が経験してない未来を知りたくなくて。その時、その時、今の自分を大切にしたいなって。だから、死後の名声とか栄誉とか、どうでもいい事です。お札や大河ドラマになる未来を体験できたのは、確かにちょっとしたご褒美。でも、自分にとって大切なのは今。きっと、あなたもそうではないですか?」

真凜の微笑は優しかった。きっと同じ思いなのだろう。

「そうやね。だが、今を生きた結果が未来や。

渋沢、ワシもいつか札になるで。岩崎弥太郎としてじゃない。弥田真凜としてや」

真凜の目はらんらんと輝く。

「紫式部、樋口一葉は文学者。津田梅子は教育者。津田梅子はともかく、式部や一葉は晩年は貧困で生活に苦しんだとも聞く。そがな事ではいけんのだ。女性の名誉や栄誉もまた、経済的な安定と繋がるべきながや」

「そうですね。同意します」

「この令和に女性として生を与えられたきには、必ず、新しい女性の幸せの形を体現してみせる。そして、次の時代には必ず札になる」

「一万円札に？」

「バカを言いなさんな。その頃には十万円札ができちょる。ワシは、大河ドラマの主役にもなるきな！　必ず、お前《おまん》を超えてみせる」

つくづく負けず嫌いな人である。それがこの人の魅力なのだ。

そういえば土佐弁の「お前」は親しい人だけにつかう呼称だったな。そう思いながら、華子も真凜に微笑みを返した。

その瞬間、床が大きく揺れた。地震だ。華子の体もぐらりと揺れ、床に倒れる。

「おい、渋沢危ない！」

飾られていた大きな花瓶が華子の上に倒れこんでくる。避ける間もなく、花瓶は華子の頭を直撃する。痛い。「大丈夫か！！　おい！　しっかりしろ！　目をさませ！　渋沢！　渋沢！」真凜の声が響く中、華子の意識は遠のいていくのであった。

If Eiichi Shibusawa were reincarnated,
he would be a temporary office lady of 27.

終章

私たちの物語

生まれ変わりたい。人は簡単にそういうけど、本当に生まれ変わったら、びっくりすると思う。この一栄華子がそういうんだから間違いない。どこにでもある普通の夜だった。失恋するのも初めてじゃないし、深酒するのも初めてじゃない。頭を打って気を失ったのは初めてだけど。

目を覚ましたら、世界はすっかり変わっていた。

派遣受付嬢だった私は、弁当会社のCEOで（他にも手広くやってるらしい）、『ウーマン・オブ・ザ・イヤー』で、有名な女性起業家になっていた。優香いわく、頭を打った翌日から、私は人が変わったようになり、一年もたたない内に起業をしたらしい。でも、その記憶がまったくない。

『ウーマン・オブ・ザ・イヤー』の授賞式の後、地震の影響で私は再度頭を打って意識を失ったらしい。（2度も頭を打つなんて！）お医者さまの見立てでは、1回目に頭を打った時と、2回目に打った時の間の記憶が失われたのでは、とのこと。そんな風に部分的に記憶を欠落する事はけして珍しい事ではないようだ。

問題は、その1年ちょっとの間に、私の生活が激変していたこと。

私だけじゃない。ハケンの同僚だったはずの優香は今や人気インフルエンサーだし、民子さんは共同経営者。肩書だけじゃない。2人ともすっかり人が変わっている。ドラマに出てくるバリキャリ女性みたい。そして「なにもかも華子ちゃんのおかげだよ」って言ってくれる。

私は何もしてないのに。

浦島太郎ってこんな気分だったんだろうな。自分ひとり、過去においていかれて。いっそのこと、おばあさんになってしまった方が気が楽だったかもしれない。

弥田真凛という人がいる。有名な実業家だ。(私は知らなかったけど)私が記憶を失っている期間、いろいろとお世話になっていたらしい。

弥田さんは色々と親身になってくれて、会社を手放すことも提案してくれた。経営は簡単な事ではない。記憶が戻らなければ、難しいかもしれない。幸い、会社はうまくいっている。売却すれば、当面の生活(どころか、おそらく一生)に困らないくらいの収益は得られるのではないかと彼女は言う。

とてもいい話だと思った。

記憶を失っている間に、一生食べていけるだけのお金が手に入るなんて。「もう働きたくない」。派遣で働いている時、何度そう思っただろう。その夢がかなうのだ。自分は何ひとつしていないのに。

だが、一歩を踏み出せないのは……みんなが羨ましかったからかもしれない。優香はとても幸せそうだ。経済的な成功やメイクのせいだけじゃない。なんか本当にキラキラと輝いてみえる。「彼氏がほしい」なんて管を巻いていた頃よりずっと。(今は彼氏いないのに!)

そして民子さんも。はっきり言って普通のおばさんだったのに(とても良い人ではあったけれど)、いや、今も普通のおばさんなんだけど、やっぱり幸せそうでキラキラしている。

私はどうだったんだろう? 私が覚えてない1年ちょっとの時間。私もあんな風に輝いていたのか? 本当に? だとしたら、もう一度、あんな風になれるのか?

『ウーマン・オブ・ザ・イヤー』の授賞式の記事を見る。写真に写っているのは確かに私、一栄華子。でも、とてもとても遠い存在に感じる。それと比べて、今の自分がとてもちっぽけでつまらない存在に思えてしまう。事業を続けるべきか、身を引くべきか？　どちらにせよ、すぐには決断できない。休養のため、私は深谷の実家に戻ることになった。同じ埼玉とはいえ、1人で暮らしていた大宮（のはずれ）と深谷はまったく違う。ネギ畑の香りには懐かしさと苛立たしさを同時に覚えた。

こんな田舎から出てってやる！　ってあの頃は思ってたんだよな。

何にでもなれると思っていた。自分には無限の可能性があると。でも現実は……。

母さんは私の部屋をそのまま取っておいてくれた。部屋には段ボールが積まれている。自室にあった書類などをつめておいてくれたらしい。仕事に関係がある大事なものかもしれないと。

仕事か……。

書類を見れば、何か思い出せるかもしれない。段ボールを開けてみると、1冊の本があった。

『論語と算盤　渋沢栄一』

渋沢栄一？　お札の人？　いや、別の場所で聞いたことある。……そうだ、民子さんの息子さんだ。洋くん……だっけ。渋沢栄一が好きだって。そして、記憶を失っている間の私も渋沢栄一が好きだったって。おかしいな？　こんな本、読んだ記憶ないけど……。

本を開くと、1枚の紙がはらりと落ちた。


「一栄華子殿。いつか、この手紙があなたに届く事を願う。

そして、あなたがこの手紙を誰にも見せず、処分してくれる事を願う。

明治11年、頭を打った渋沢は、令和元年、同じく頭を打ったあなたの体に転生した。（おそらくは華子殿の方は、渋沢に転生したのでは？　嫌な経験をしていない事を祈る）

様々な状況からこの転生は一時的なものであると考える。

渋沢と入れ替わった事が、あなたにとって幸運なのか、不幸なのかは、分からない。自分でいうのもなんだが、私はそれなりの人物である。もしかしたら、あなたのこの先の人生に重荷を与えてしまったのでは……と思う事もある。

だが、一栄華子殿。渋沢はあなたと入れ替わった事を感謝している。

令和の世で成し遂げた事は「私」がした事ではない。「私たち」がした事だと私は思う。私は、あなたがどんな人かよく知らない。でも、人は「脳」だけで生きるのではない。令和で私がした選択。それらすべてに「一栄華子」という人の性格、歴史、感性……すべてが反映されていたはずだ。

特に、私の事業のパートナーとなった戸山民子さん、室井優香さん。この2人は渋沢が選んで付き合ったわけではない。一栄華子さん、あなたが選び、親しくしていた友人だ。彼女たちの助けなしでは、私は令和の世で生き抜くことはできなかっただろう。あなたが素晴らしい選択をしていた事に心から感謝したい。

いつ、あなたが令和に戻ってくるか分からない。戻ってこないかもしれない。

だが、戻ってきた時、戸惑いがあるかもしれない。

自分が自分でなくなってしまったような気がするだろう。

でも、これも、またあなたの一面。あなたの知られざる姿なのだと知ってほしい。

あなたの体を借りて体験した事はすべて日記としてパソコンに保存してあります。「YOSHIZAWA」というフォルダーを見てください。パスワードは「RYO」です。（大河ドラマで私の役を演じた俳優にあわせてみました。私の若い頃によく似ていると評判です）

なるべく詳細に記録しましたが、それでも伝わらない事が多々あると思います。

その時は、『論語と算盤』を読んでほしいです。

私は生涯、論語を貫いて生きてきました。

「渋沢のやつ、なんでこんな事したの!?」とあなたが思った時、きっと、この本に答えがあります。

あなたがこの手紙を読む時、もちろん、私はこの世にはいないでしょうが、この本を通して、ずっとあなたに寄り添う事ができるはずです。転生したあの時のように」

記憶がよみがえる。

意識を失っている間、誰か私を呼ぶ人の声がした。泣きはらした女性の声。確かに呼んでいた「栄一さん」と。あれは渋沢さんの奥さんだったんだろうか？

大急ぎでパソコンを開くと、確かに『YOSHIZAWA』というフォルダがある。そこには膨大なメモが残っていた。会社で時給があがったこと、洋くんに会ったこと、弥田真凛との出会い、民子さんが会社をクビになったこと。

もちろん記憶にはない。でも、体が覚えている気がする。私はふと自分の手を見る。ネイルをしていなかった。もう10年近く、ネイルをしない日なんてなかったのに！　おそらく弁当の仕事を続けている中でやめたのだろう。爪の先端はザラリとしていて、まだ脆い。数か月前にジェルネイルを削ったばかりなのは明らかだった。

これは、私の物語なんだ。いや、私たちの。

私は民子さんに電話をする。そういえば、人に電話をかけるのは何年ぶりだろう。

「ねえ、民子さん、やっぱり私、もう一度仕事をしたいと思ってるの」

「よかった。記憶が戻らなくても、きっと華子ちゃんならまた一から始められると思ってたよ」

「……本当にそう思う？」

「そう思う」

「助けてくれる？」

「当たり前でしょ。私がどれだけ華子ちゃんに助けられたと思ってるの！」

民子さんの力強い言葉が私に勇気を与えた。

民子さんは私を信じてくれている。だったら私も信じよう。

過去の自分を。私たちが、私たちがやってきたことを。

渋沢さんは、もう私の中にはいない。でも……

私は『論語と算盤』の本を開いた。

ここから、始まるんだ。

（END）

【参考図書】

『論語と算盤』渋沢栄一（KADOKAWA）
『図解 渋沢栄一と「論語と算盤」』齋藤孝（フォレスト出版）
『渋沢栄一「論語と算盤」の思想入門』守屋淳（NHK出版新書）
『渋沢栄一自伝 雨夜譚・青淵回顧録（抄）』渋沢栄一（KADOKAWA）
『「三菱」の創業者 岩崎弥太郎 不屈の生き方』武田鏡村（PHP研究所）
『渋沢栄一と岩崎弥太郎 日本の資本主義を築いた両雄の経営哲学』河合敦（幻冬舎新書）
『渋沢栄一』渋沢英雄（公益財団法人渋沢栄一記念財団）
『歴史的視野の中の渋沢栄一』渋沢雅英（公益財団法人渋沢栄一記念財団）
『NHK 100分de名著 渋沢栄一「論語と算盤」2021年4月』守屋淳（NHK出版）

［著者略歴］
三浦有為子（みうら・ういこ）
東京都出身。作家・脚本家。早稲田大学在学中に文学座附属演劇研究所にて演劇を学ぶ。卒業後、50種以上のアルバイトを転々としながら、俳優を志すが挫折。2002年、映画『2LDK』（堤幸彦監督）で脚本家デビュー。近年の作品は映画『Truth～姦しき弔いの果て～』（2022）、TVアニメ『シルバニアファミリー　フレアのゴー・フォー・ドリーム！』（2023）、『フレアのピース・オブ・シークレット』（2024）、TVドラマ『ウルトラマンジード』（2017）、『おとなりに銀河』（2023）、『佐原先生と土岐くん』（2023）など。2007年、『明日の記憶』の脚本で、第30回日本アカデミー賞優秀脚本賞受賞。2025年1月に映画『僕のなかのブラウニー』（相馬雄太監督）が公開予定。本作が初の小説となる。

渋沢栄一《しぶさわえいいち》が転生《てんせい》したら
アラサー派遣《はけん》OL《オーエル》だった件《けん》

2024年12月1日　初版発行

著　者　三浦有為子

発行者　小早川幸一郎

発　行　株式会社クロスメディア・パブリッシング
〒151-0051 東京都渋谷区千駄ヶ谷4-20-3 東栄神宮外苑ビル
https://www.cm-publishing.co.jp
◎本の内容に関するお問い合わせ先：TEL（03）5413-3140／FAX（03）5413-3141

発　売　株式会社インプレス
〒101-0051 東京都千代田区神田神保町一丁目105番地
◎乱丁本・落丁本などのお問い合わせ先：FAX（03）6837-5023
service@impress.co.jp
※古書店で購入されたものについてはお取り替えできません

印刷・製本　株式会社シナノ

ISBN978-4-295-41034-8　C2034